스토리텔링

내 이야기를 바꾸면, 사람이 움직인다!

STORYTELLING FOR LEADERS

Tales of Sorrow and Love

First published 2025
by Routledge
4 Park Square, Milton Park, Abingdon, Oxon OX14 4RN
and by Routledge
605 Third Avenue, New York, NY 10158
Routledge is an imprint of the Taylor & Francis Group, an informa business

British Library Cataloguing-in-Publication Data
A catalogue record for this book is available from the British Library

호모코치쿠스 65

스토리텔링

내 이야기를 바꾸면, 사람이 움직인다!

STORYTELLING FOR LEADERS

Tales of Sorrow and Love

맨프레드 F.R. 케츠 드 브리스 지음

조경훈 옮김

코칭북스

목차

역자 서문

"우리는 결국 자신과 다른 사람에게 들려주는
이야기대로 자신의 삶을 살아간다."

맨프레드 교수의 『지혜방정식Leading Wisely』을 번역한 지 1년이 흘렀다. 맨프레드 교수는 여전히 왕성한 필력으로 그의 통찰력을 새로운 책과 소논문을 통해 계속 전해주고 있다. 그의 새로운 책 가운데 번역할 '다음' 책을 고르기 시작한 것은 내게 자연스러운 흐름이었다. 첫 번역 이후 느낀 몇 가지 아쉬움도, 두 번째 작업을 통해 보완하고 싶었다. 그러나 지난 번역 과정과 마찬가지로, 일단 번역 작업을 시작하자, 책의 내용을 옮기는 번역자이기에 앞서, 객석 제일 앞 줄에 앉은 관객처럼 그의 이야기에 몰입하게 되었다.

이야기를 뜻하는 프랑스어 récit는 '소리 내어 읽다', '낭독하다'라는 의미의 라틴어 recitare에서 유래하였다. 연주자가 여러 작품을 독주하거나 독창하는 공연인 리사이틀recital도 같은 단어에서 유래하였다. 리사이틀도 그 어원을 고려하면 스토리텔링의 한 형태라 할 수 있다. 바이올리니스트가 바흐를 해석하든, 성악가가 슈베르트 가곡을 노래하든, 그들은 단순히 음악을 연주하는 것이 아니라, 이 책에서 말하는 인간의 본능적 전통인 이야기를 하면서 청중과 소통하는 것이다.

맨프레드 교수가 말하는 스토리텔링은 결국 우리의 존재방식이다. 우리는 이야기로 자신을 정의하고, 이야기를 통해 자신이 마주하는 세계를 해석하고, 이야기를 전달하며 다른 사람과 연결하기 때문이다. 그 이야기가 지금까지 살아온 나의 방식을 고집하며 과거에 그대로 머무르는 이야기인지, 새로운 관점을 수용하며 앞으로 나아가는 이야기인지에 따라 내가 볼 수 있는 범위와 관점이 달라지고, 내가 만나는 사람이 달라지고, 내가 미치는 영향력이 달라질 수 있다고 그는 말한다.

이 책의 원제목은 '리더를 위한 스토리텔링'이지만, 책의 내용은 조직의 리더뿐 아니라 부모로서, 친구로서, 동료로서 상대에게 전하는 자신의 이야기를 돌아보게 한다. 책에도 등장하듯이 많은 사람에게 영향력을 행사하는 정치 지도자의 스토리텔링도 떠올리며, 그들이 말하는 이야기의 원천이 무엇인지에 대해서도 생각하게 만든다. 또한 최근 전 세계로 확산되고 있는 한류 문화, 영화와 소설, K-POP을 비롯한 한류 콘텐츠가 전하는 스토리텔링의 의미도 다시 돌아보게 된다.

맨프레드 교수 특유의 문체, 짧은 문장으로 비슷한 내용을 반복하며 강조하거나, 질문을 계속 던지는 방식은 중요한 통찰을 여러 각도에서 되새기듯 독자의 무의식에 스며들게 하려는 의도로 이해되었다. 그의 의도를 살리면서도 독자에게 자연스러운 한국어 문맥으로 읽히도록 노력하였다. 또한 정신역동과 관련된 용어를 옮길 때 원문의 뜻을 제대로 전달하기 위해 용어 선택에 주의를 기울였다. 그리고 책 전체에 걸쳐 storytelling 단어가 사용되었는데, '스토리텔링'이 이미 널리 사용하는 외래어라서, 본문의 흐름에 따라 '이야기'와 '스토리텔링'을 혼용하였다.

이 책을 번역하는 동안, 나 역시 독자로서 여러 번 멈춰서야 했다. 내 안의 오래된 이야기들과 마주해야 했기 때문이다. 내가 미처 인지하지 못했던 나의 이야기 패턴을 인식하면서, 나 자신에게 계속 질문할 수 밖에 없었다. 충만한 삶을 살기 위해 나는 어떤 이야기를 새로 시작하고, 선택할 것인가? 『지혜 방정식』에서 맨프레드 교수는 용기는 잘 모르는 것을 위해 알고 있는 것을 포기하는 위험을 감수하는 것이고, 익숙하고 안전해 보이는 곳에서 벗어나는 것이라고 하였다. 이 책을 읽는 모든 분에게 자신의 이야기를 다시 돌아보는 마음의 여유와, 자신의 이야기를 새롭게 쓰는 용기도 갖게 되기를 기대한다.

이번 번역을 마치면서 번역은 깊은 학습 과정이라는 사실을 새삼 다시 느낀다. 맨프레드 리더십에 대한 관심과 열정을 계속 이어가기 위해, 맨프레드 교수의 책을 또 번역할 기회를 주신 김상복 코치님께 깊이 감사드린다. 학습에 대한 열정의 원동력인 어머니와 늘 지지해주는 사랑하는 가족에게 감사의 마음을 담아 이 책을 전한다.

2025년 10월

조경훈

서문

차라리 모르는 게 나을 일을 꼭 알려고 하는 게 인간의 약점이다.

– 몰리에르Molière

사실을 들으면 배울 것이고, 진실을 들으면 믿을 것이다. 그렇지만 이야기를 들으면 그 이야기는 영원히 내 마음속에 남을 것이다.

– 아메리카 원주민 속담

아니, 일단 먼저 해보는 거다. 설명은 길고 지루하기만 하다.

– 루이스 캐럴Lewis Carroll

몰리에르Molière의 5막 희극 『부르주아 신사The Bourgeois Gentleman』에서 주인공 주르댕Monsieur Jourdain은 철학 수업을 하다가 자신이 평생 소설을 써온 것이나 마찬가지라는 사실을 깨닫고 기뻐한다. 물론 주르댕은 그게 무슨 의미인지는 잘 몰랐을 수도 있다. 그렇지만 가만히 생각해 보면, 우리도 별로 다르지 않다. 하루의 많은 시간을 이야기하는 데 쓰고 있다. 그만큼 스토리텔링storytelling은 우리 삶 곳곳에 스며 있다. 흔히 우리는 "그러니까 말이야, 이런 일이 있었어."라고 하면서 대화를 시작한다. 우리는 생각보다 훨씬 자주, 그리고 훨씬 많은 시간을 스토리텔링에 쓰고 있다.

이 책은 스토리텔링을 주제로 한 에세이 모음집이다. 읽다 보면 스토리텔링이 우리 존재의 핵심이라는 것을 깨닫게 될 것이다. 인류가 언어를 사용하기 시작한 순간부터, 스토리텔링은 인간 사이의 가장 본질적인 소통 방식이었다. 우리가 아주 어릴 때부터 이야기에 빠져드는 이유도 여기에 있다. 우리는 매일 자신에게 일어나는 사건, 만난 사람, 자신이 한 행동이나 새로운 감정과 생각을 이야기로 다른 사람에게 전달한다. 멋지고 좋은 이야기는 다른 사람의 감정과 행동에 영향을 미친다. 사실 당신이 전하는 이야기는 자신과 상대방 모두에게 새로운 정보를 알려 주고, 영향을 미치고, 즐거움을 주고, 결국 자신과 상대의 삶을 만들어 간다. 우리는 이야기를 통해 새로운 것을 배우고, 자신이 알고 있는 것을 재확인한다. 그러므로 이야기는 인류가 공동으로 사용하는 화폐라고 할 수 있다. 우리는 모두 이야기로 연결되어 있고, 이야기는 다른 사람을 연결하고, 다른 사람을 이해하는 방법이다. 그리고 더 나아가 이야기는 우리의 삶을 변화시키는 힘을 갖고 있다. 이와 같이 스토리텔링이 갖고 있는 힘을 생각할 때, 우리가 이야기에 빠져 있는 것은 놀라운 일이 아니다. 어딘가에 빠지면 스스로 헤어 나오지 못하듯이, 우리는 결코 이야기를 떨쳐버리지 못한다. 잠을 자는 동안에도 꿈에서 자신에게 이야기하고 있다. 인간을 호모 사피엔스Homo Sapiens로 부르지만, 사실 호모 내러투스Homo Narratus[1)]라 부르는 것이 더 맞는 표현일지도 모른다.

당신이 전하는 이야기는 자신과 상대방 모두에게 새로운 정보를 알려 주고, 영향을 미치고, 즐거움을 주고, 결국 자신과 상대의 삶을 만들어 간다.

인간은 언제나 이야기를 하는 동물이었고, 이렇게 말로 의사를 전달하는 관습은 인류의 가장 오래된 소통 방식이다. 이야기를 할 수 있는 능력은 인류 진화의 핵심 요인이다. 인류의 조상은 이야기를 통해 생존에 필요한 중요한 정보를 전달하고 소통하였다. 우리 조상이 이야기를 통해 서로 연결하고 협력하고 사회적 연대를 만드는 독특한 능력이 없었다면 인간은 생존할 수 없었을 것이다. 이야기는 문화적 가치를 공유하고, 공동체 의식을 강화하고, 함께 미래에 대한 희망을 품게 만드는 도구였다. 따라서 인간은 서로 이야기하면서 진화하였다고 해도 틀린 말이 아니다. 이야기 없이는 국가도, 문화도, 문명도 존재할 수 없었을 것이다. 사실 스토리텔링은 우리가 살고 있는 이 세상에서 새로운 아이디어를 만드는 가장 좋은 방법이다. 스토리텔링은 우리의 사고방식을 결정하고, 우리가 공유하는 사회적 가치와 의미를 만든다. 그리고 이야기를 통해서 우리는 다양한 일이 어떻게 작동되는지, 자신이 어떻게 결

1) [역자 주] 이야기를 뜻하는 라틴어 narratus를 이용하여 인간의 가장 큰 특징이 이야기를 하는 것이라는 의미로 저자가 만든 문구이다.

정을 내리고 (그리고 그 결정을 어떻게 정당화하는지), 어떻게 다른 사람을 설득할 수 있는지, 또한 자신의 위치가 어디쯤 있는지 알게 된다. 사실 스토리텔링은 인류에게 가장 보편적인 특징이며, 인간 존재의 핵심 요인으로서 전 세계 어느 문화에서나 일어나는 활동이다.

스토리텔링은 교육이 공식화되기 훨씬 이전부터 존재한 교육 방법이었다. 스토리텔링은 고대의 전통이나 전설, 신화, 전래해 오는 상징물, 오래전 인류 조상의 생활상을 시간에 초월하여 우리와 연결해 준다. 동굴 속 그림과 유물을 연구해 보면 스토리텔링은 선사시대부터 이미 시작되었다는 것을 알 수 있다. 고대 선사시대부터 그리스·로마의 시인들, 중세의 떠돌이 이야기꾼minstrels and troubadours, 그리고 오늘날 할리우드 영화에 이르기까지 인간은 언제나 이야기를 나누고 싶어 했고, 누군가의 이야기에 귀 기울여 왔다.

게다가 우리는 이야기를 통해 모든 것이 불확실한 이 세상에서 무언가 예측할 수 있는 실마리를 얻게 된다. 이야기 안에 담긴 서사 덕분에 우리는 자신의 삶을 어느 정도는 스스로 꾸려갈 수 있다고 상상한다. 결국 우리는 이야기를 통해 갈등을 해소하고, 완전히 바닥까지 무너지지 않는다는 희망을 품을 수 있다. 이야기는 구조 자체가 잘 짜여 있기 때문에, 종종 논리로 설명되지 않는 세상 속에서 자신의 삶을 이해하는 데 도움을 준다. 스토리텔링을 통해 혼란 속에서도 일정한 패턴을 발견하고, 무작위처럼 보이는 상황 속에서도 의미를 찾을 수 있다. 이야기는 평소엔 당황스럽거나 무작위처럼 느껴졌던 일을 이해하는 데 도움을 준다. 본질적으로 우리는 이야기를 접함으로써 우리가 사는 이 복잡한 세상을 조금 더 이해할 수 있다.

누군가의 이야기에 깊이 빠져들다 보면, 때로는 그 사람이 우리에게 마법을 거는 듯한 느낌을 받기도 한다. 그 사람이 들려주는 이야기에 넋을 잃고 귀 기울이다 보면, 어느 순간 그 이야기 속에 있는 자신을 발견하게 된다. 이야기에 빠지면 다른 시간이나 장소로 옮겨지는 듯한 경험을 한다. 그럴수록 그 이야기는 자신만의 이야기가 된다. 이야기의 마법이 작동하기 시작하면 이야기하는 사람의 생각이나 감정, 의견, 아이디어에 자연스럽게 공감한다. 그리고 이야기에 점점 더 빠져들수록, 그 이야기가 불러일으키는 기쁨, 혐오, 분노, 슬픔, 불안, 공포, 놀라움 같은 감정을 함께 느끼게 된다. 그래서 이야기하는 행동은 듣는 사람의 마음속에 말하는 사람의 생각과 감정, 아이디어를 스며들게 할 수 있다. 그러면서 자연스럽게 슬픔과 기쁨, 고통을 함께 나눈다. 이렇게 이야기를 하고 듣는 과정을 통해 우리는 연민과 공감, 관용과 존중과 같은 가치를 배운다. 그리고 더 나아가, 인간 존재의 어두운 면에 대해서도 배우게 된다.

이야기는 인류가 공동으로 사용하는 화폐다.

이처럼 이야기는 우리를 시간에 초월하여 다른 사람의 삶과 경험에 연결해 준다. 이야기를 하는 사람은 이야기를 듣는 사람의 뇌 활동에 영향을 미치고, 이런 감정의 흐름은 때로 강력한 힘을 발휘한다. 이야기는 우리의 생각을 바꾸고, 행동마저 달라지게 만든다. 그러므로 오

래전부터 이야기가 우리의 관점을 바꾸는 데 활용된 것은 어쩌면 당연한 일이다. 스토리텔링은 언제나 사람을 연결하고 집단 행동에 영향을 미치기 위해 사용되었다.

그리고 이야기는 우리 안에 있는 창의성을 자극한다. 누군가의 이야기를 들으며, 완전히 다른 관점에서 그 사람의 삶을 경험할 때, 우리는 창의성의 원천에 더 다가갈 수 있다. 이야기를 들으며 상상력이 확장되고, 익숙한 사고방식에서 벗어나 새로운 방식으로 생각해 볼 수 있다. 사실 우리가 듣는 이야기는 우리의 우뇌를 자극해서 상상력을 깨우는 데 도움이 된다. 이 창의성의 원천에 접근하는 것은 어쩌면 자기 발견의 계기가 되고, 자신을 재창조하는 전환점이 될 수 있다.

스토리텔링 기술은 기억력을 향상하는 데도 도움이 된다. 이야기는 일종의 보조기억 장치이자 사용 설명서, 또는 도덕적 나침반이라고 할 수 있다. 방대한 정보를 구조화하는 데 이야기가 큰 역할을 하기 때문이다. 모두 여러 번 경험했듯이, 단순한 사실만 들었을 때보다 이야기의 흐름 속에 담긴 정보를 훨씬 더 잘 기억한다. 또한 이야기하고 듣는 과정에서 어휘력, 이해력, 순서 구성 능력, 기억력, 창의력이 자연스럽게 늘어난다. 한 번 마음을 사로잡는 이야기를 접하고 나면, 그 이야기의 틀에서 벗어나기가 쉽지 않다.

게다가 이야기는 자신의 미래를 만들어가는 데에도 영향을 미칠 수 있다. 원하는 결과를 이루거나 어떤 능력을 익히는 이야기를 스스로에게 들려줄 때, 그 이야기를 믿으며 생기는 자신감은 자기실현적 예언self-fulfilling prophecy이 될 수 있다. 그렇게 이야기에 영향을 받은 사람은 목표를 이루는 데 필요한 역량을 실제로 갖추게 될 가능성도 커진다. 이런 점에서 이야기는 미래를 내다보는 유용한 도구가 될 수 있다. 예측하고, 계획하며, 성취해 나가는 방식으로 말이다. 모든 성공 이야기는 곧 '어떻게 성공할 수 있는가?'를 보여주는 하나의 교훈이 될 수 있다. 말하자면, 좋은 이야기는 때때로 도움이 되지 않는 기존의 이야기를 밀어내는 역할을 하기도 한다. 적절한 이야기가 적절한 상황에서 전달될 때, 그 이야기는 이성적 사실로는 바뀔 수 없는 사건을 긍정적 감정의 관점에서 다시 바라보게reframe 만드는 힘이 있다.

그래서 어려움을 겪은 끝에 긍정적으로 마무리되는 이야기를 듣게 되면, 비슷한 상황에서 나 역시 성공할 수 있으리라는 희망을 품게 된다. 과거의 고통을 회복과 성장으로 전환한 삶의 이야기, 즉 주체성이나 탐구심, 포용적 태도와 같은 생각을 담고 있는 이야기는 우리가 따르고 싶은 본보기가 된다. 우리는 바로 그런 이야기를 통해 배운다. 앞으로 마주하게 될 도전을 어떻게 헤쳐 나갈 수 있을지, 그 방향을 비춰주는 길잡이가 되기 때문이다. 그러므로 자신의 삶을 바꾸고 싶다면, 먼저 자신의 이야기를 바꿔야 한다.

자신의 삶을 바꾸고 싶다면, 먼저 자신의 이야기를 바꿔야 한다.

삶의 변화에 개입하는 어떤 방식이든, 그것이 선이 될지 악이 될지는 사용하는 사람에 달려 있다. 스토리텔링도 예외는 아니다. 선동가들은 이야기가 사람들에게 얼마나 큰 영향을 미칠 수 있는지를 오래전부터

잘 알고 있었다. 그들은 증오의 이야기를 퍼뜨리며, 결국 자신을 따르는 사람들의 삶을 불행하게 만들고 파괴한다. 그러므로 지금 우리에게 주어진 과제는 더 나은 삶을 가능하게 하는 이야기를 만드는 것이다.

이 책에 담긴 이야기를 통해, 더 충만한 삶을 살기 위해 어떤 존재로 살아갈 것인지 생각하는 계기가 되길 바란다. 더불어 이 책을 읽는 동안, 자신의 이야기를 돌아보며 자신의 삶을 더 생생하게 느끼길 바란다. 결국 우리가 만들어가는 가장 위대한 창조물은 자신의 삶이기 때문이다. 덴마크 작가 이사크 디네센Isak Dinesen은 이렇게 말했다. "모든 슬픔은 이야기로 만들거나, 이야기를 들려줌으로써 견딜 수 있다."[2)]

이제 더욱 분명해졌듯, 나는 이 책에서 이야기하고 듣는 일에 더 민감해지고, 나아가 자신의 이야기를 더 깊이 이해하는 능력을 키우자고 제안한다. 그런 점에서 스토리텔링은 자기 인식에 이르는 가장 효과적인 방법 가운데 하나이다. 더불어 정신 건강을 위해서도 자신의 이야기를 스스로 온전히 받아들이는 것이 중요하다. 그 이야기 속에서 어떤 어두운 그림자를 마주치더라도, 결코 외면하거나 도망가지 않는 태도가 중요하다. 그리고 이야기를 전하는 사람이 진정으로 해야 하는 일은 듣는 사람에게 어떻게 생각하라고 말하는 것이 아니라, 그가 생각할 수 있는 질문을 던지는 것이라는 점을 강조하고 싶다. 이야기는 상상력을 불러일으키는 힘이 되어야 한다. 그런 이야기를 통해 우리는 기존 논리로는 도저히 설명되지 않는 삶의 상황을 때로 이해할 수 있기 때문이다.

2) Bent Mohn (3 November 1957). "A Talk with Isak Dinesen." *New York Times*.

1장.
스토리텔링이란?

길가메시여, 어찌하여 달아나는가? 그대가 그토록 찾는 삶은 결코 찾을 수 없느니라. 신이 사람을 처음 빚을 때, 죽음은 인간의 몫으로 주었지만, 생명은 자신의 손에 간직했느니라. 길가메시여, 배부르게 먹고, 매일 기쁘게 지내라. 날마다 축제처럼 즐기며, 춤추고 노래하며 행복하게 보내라. 매일 새 옷으로 갈아입고, 머리를 깨끗이 감고, 몸을 씻어라. 네 손을 잡은 어린 자녀를 아끼고, 그대 품에 안긴 아내를 기쁘게 하라. 이것이 인간에게 주어진 몫이니라.

– 『길가메시 서사시the Epic of Gilgamesh』

인류는 태초부터 이야기를 해왔다. 기록으로 남아 있는 가장 오래된 이야기인 『길가메시 서사시』는 기원전 2,700년경에 쓰인 것으로 보이지만, 이야기의 역사는 그보다 훨씬 이전으로 거슬러 올라간다. 호모 사피엔스가 언어를 사용하기 시작한 순간부터 인간은 이야기를 나누기 시작했다. 이야기를 하는 것은 인류의 가장 보편적인 특징이며, 인간 존재 그 자체다. 세상의 모든 문화에는 언제나 이야기가 깃들어 있다.

역사적으로 문자 이전의 시대에는 스토리텔링이 세대를 넘어 지식과 가치를 전하는 유일한 도구였다. 모든 나라의 문화는 이야기를 통해 자신의 아이들에게 역사와 교훈을 전하고 가르쳐 왔다. 이야기는 시간에 초월하여 고대의 전통, 전설, 원형原型, 신화나 상징물을 우리가 사는 현재와 잇는 연결고리다. 이야기 안에 담긴 감정은 듣는 사람을 사로잡기도 하고, 때로는 화나게 하거나 슬픔, 부끄러움, 기쁨, 또는 역겨움을 느끼게 한다. 그리고 이야기가 현실을 잠시 벗어나는 도피의 수단처럼 보일 수도 있지만, 스토리텔링에는 눈에 보이는 것 이상의 무엇이 있다. 그 안에는 늘 드러나지 않는 의미와 무의식의 메시지가 깃들어 있다.

이야기를 통해 우리는 삶 자체가 장면의 연속으로 이루어진 경험의 집합이라는 사실을 깨닫게 된다. 다시 말하면, 그런 이야기를 들려줌으로써 우리는 다른 사람에게 자신의 삶과 경험을 선명하게 보여줄 수 있다. 이야기는 눈에 보이는 객관적인 외부 세계와 눈에 보이지 않는 내면의 의식적, 무의식적 경험을 이어주는 다리가 된다. 그런 점에서 스토리텔링은 자신이 누구인지 드러내는 방식이다. 이야기를 통해 우리는 자신을 정의하고 자신의 정체성을 다듬는다. 이야기를 통해 우리는 자신의 욕망, 희망, 미래의 계획을 말하기도 한다. 이야기는 우리가 지금 어디쯤 있는지, 어떻게 생각하고 어떻게 의사결정 하는지를 이해하게 만든다. 또한 스토리텔링을 통해 이야기 안에 얽혀 있는 수수께

끼를 풀게 될 수도 있다. 결국 우리는 이야기를 통해 삶의 의미를 만들어 간다. 즉, 이야기는 우리를 더 큰 자아, 그리고 보편적인 진리와 이어주는 연결고리라고 할 수 있다.

스토리텔링의 가치가 얼마나 큰지는 이야기를 전하는 사람을 우리가 얼마나 존경하는지를 보면 알 수 있다. 옛날에는 대중에게 늘 새로운 소식을 이야기로 들려주는 역할을 하는 사람이 있었다. 이런 전문적인 이야기꾼은 지역에 따라 다양한 이름으로 불렸다. 예를 들어 민스트럴minstrel, 트루바두르troubadour, 종글러jongleur, 트루베르trouvère, 미네징어minnesinger, 스칼드scald, 스콥scop, 스카지텔리skaziteli, 셰나키seanachie, 그리오griot 등[1)]이 있었다. 오늘날에는 이야기를 전달하는 특별한 능력을 갖춘 작가, 배우, 영화감독 등이 유명인이 되고 있다.

스토리텔링이 얼마나 중요한지 이제 알았다면, 당신은 자신의 이야기를 하는 데 얼마나 관심을 기울이고 있는지 묻고 싶다. 다시 말해, 자기 삶이 어떻게 펼쳐져 왔는지에 대해 일관된 서사를 만들어본 적이 있는가? 좀 더 구체적으로 말한다면, 자기 인생이라는 다큐멘터리의 작가이자 프로듀서, 또는 감독이 되어본 적이 있는가? 생각보다 쉽지 않은 일이다. 당연히 당신은 누구에게 이야기하는지에 따라 당신

1) [역자 주] 중세 시대 각 국의 시인이나 음악인. 민스트럴은 궁정이나 거리에서 공연하던 음유시인, 트루바두르는 남프랑스 지방의 궁정시인, 종글러는 프랑스 지역의 연주자 겸 이야기꾼, 트루베르는 북프랑스 지방의 궁정시인, 미네징어는 독일 지역의 궁정시인, 스칼드는 바이킹 시대 북유럽의 궁정시인, 스콥은 영국의 궁정시인, 스카지텔리는 러시아 및 슬라브 지역의 전통 서사시인 겸 이야기꾼, 셰나키는 아일랜드 지역의 전통 이야기꾼, 그리오는 서아프리카 지역의 시인 겸 이야기꾼이다.

삶의 어떤 장면은 넣고, 어떤 장면은 뺄지 결정해야 한다. 어떤 점에서 보면, 이런 과정은 정신분석 심리치료사의 소파에 누워 "이제 모든 것을 말해보세요."라는 요청을 받는 상황과 비슷하다. 현실적으로 '모든 것'을 말할 준비가 되어 있지도 않고, 모든 것을 말할 수도 없다. 우리는 자연스럽게 정보를 걸러내기 마련이다. 그렇지만 용기를 내어 솔직해지면 어느 정도는 자신을 드러낼 수 있을 것이다. 정도가 어떻든 간에 '모든 것'을 다 이야기해 보라는 요청은 언제나 까다롭고 쉽지 않은 일이다.

그렇지만 당신이 기꺼이 자신의 이야기를 털어놓겠다고 마음먹는다면, 이야기하는 동안 자신에게 올라오는 감정에 주목해야 한다. 이야기하면서 어떤 감정이 올라오는가? 또 이야기를 마치고 나서는 어떤 감정을 느끼는가? 자신의 이야기를 완전히 솔직하게 털어놓는 것은 결코 쉬운 일이 아니다. 누군가 당신에게 "마음을 열고 솔직하게 말해봐."라고 할 때, 자신도 모르게 방어적인 반응이 나올 수 있다. 어쩌면 마음 깊숙한 곳에 자리 잡은 부끄러운 경험을 누군가와 공유하는 게 두려울 수 있다. 반대로 오랫동안 마음속에 담아두었던 문제를 털어놓고 싶은 강한 욕구가 생길 수도 있다. 그런 문제를 말하지 않고 억누르고 있는 것은 큰 스트레스가 된다. 사실 비밀을 간직하고 싶은 마음과 누군가에게 솔직히 털어놓고 싶은 마음 사이의 갈등은 항상 존재한다.

모든 점을 고려할 때, 어떤 이야기를 털어놓을지 말지 결정할 때는, 비밀을 간직하는 데도 대가가 따른다는 사실을 기억하자. 비밀이 갖는 나쁜 점은 비밀 그 자체가 아니라, 오히려 그 비밀을 머릿속에서 반복해서 되새기려는 강박이다. 즉, 비밀이 도움이 되지 않는 이유는 단지 비밀을 숨기려는 노력뿐 아니라 그 비밀을 안고 살아가야 한다는 것이다. 비밀이 얼마나 민감한 것인가에 따라 정신적으로 매우 큰 불편을 겪는 건 당연하다. 실제로 비밀을 지키는 데 드는 정신적 에너지는 우리의 신체적, 정신적 건강을 해치는 것으로 알려져 있다.[2)]

비밀에 관해 한 가지 기억해 두었으면 하는 것이 있다. 당신만 비밀을 가진 것이 아니다. 누구에게나 비밀은 있다. 누구나 감추고 싶은 상처 한두 가지는 품고 살아간다. 그렇지만 그 비밀을 함께 나누게 되면 비밀이 주는 정신적 부담을 덜 수 있다. 믿을 만한 사람에게 속마음을 털어놓으면 의외로 큰 위안을 얻을 수 있다. 자기의 비밀을 털어놓으면 반복되던 생각과 걱정이 덜어질 수 있다. 자신의 고민과 불안을 끊임없이 되새기고, 그 고민과 불안의 해결책보다 그것의 원인과 결과에만 집중하는 것은 정신 건강에 해롭다. 그러면 우울감이 더 길고 깊어질 수 있고, 나아가 당신의 생각과 감정을 제대로 처리하지 못할 수 있다. 반대로, 비밀이라고 생각한 것을 입 밖으로 꺼내 말하는 것 자체가 도움이 될 수 있다. 스토리텔링을 통해 자신을 드러내는 것은 일종의 정서정화emotional cleansing 효과가 있다. 결국 이야기를 나누는 건 마음속에 쌓인 응어리를 풀어내고, 두려움과 우울, 불안을 다루는 데 중요한 치유의 방법이 될 수 있다.

---

2) Michael Slepian (2019). "Why the Secrets You Keep Are Hurting You." *Scientific American*, 5 February.

그렇지만 명심할 게 있다. 이런 정서정화 과정은 양방향으로 일어난다는 사실이다. 당신이 이야기를 들려주는 동안 듣는 사람도 비슷한 정서정화를 경험한다. 그렇게 되면 당신은 자신의 이야기가 다른 사람의 마음에 얼마나 큰 울림을 줄 수 있는지 깨닫게 된다. 앞서 말한 대로, 스토리텔링은 사람과 사람을 잇는 강력한 도구이며, 이야기는 공감과 연민을 쌓아 올리는 토대가 된다. 결국 자신의 이야기를 털어놓지 않으면 외롭게 고립될 가능성이 높다. 바로 이 점이 스토리텔링이 그토록 중요한 이유다.

자신의 이야기는 스스로를 비추는 불빛과 같다.

이제 더 분명해졌겠지만, 이야기를 들려준다는 것은 곧 자기 존재의 본질에 다가가는 것이다. 이야기는 인간의 가장 기본적인 욕구를 충족시킨다. 자신의 과거를 전하고, 성공과 실패를 마주하며, 상처를 치유하고, 희망을 품고, 공동체에 대한 감각을 단단히 다지는 데 이바지한다. 자신의 이야기는 스스로를 비추는 불빛과 같다. 그 불빛은 자기 인식과 자기 이해를 깊게 만들어 준다. 그런 점에서 스토리텔링은 자신의 삶을 다양한 각도에서 들여다보려고 할 때 더욱 큰 효과가 있다. 기쁨과 슬픔, 성공과 실패, 미래에 대한 희망, 나아가 가장 깊은 두려움까지 마주하는 것이다. 자신의 어두운 면을 들여다보는 것은 자기를 억누르고 있던 부정적 믿음을 내려놓고, 고통의 의미를 다시 바라보며, 그 모든 것을 자신의 일부로 받아들이게 된다. 이야기는 우리를

더 강하게 만들고, 더 인간답게 만든다. 이야기는 상처를 치유하고 회복시키는 힘이 있다. 이야기는 우리를 더 진실한 자기 자신으로 살아가도록 만든다.

이야기는 태초부터 존재해 왔다. 사람들은 이야기를 통해 즐거움을 나누고, 배움을 얻고, 문화를 이어왔으며, 도덕적 가치를 심어왔다. 우리는 이야기를 통해 생각을 나누며 살아온 존재다. 이야기를 상상하고, 그것을 전하는 방식은 인간이 가장 오랫동안 사용해 온 소통의 방식이다. 어느 언어에서든 사람의 마음을 가장 잘 움직이는 말은 이 한마디다. "이야기 좀 들려줘." 그리고 누구나 그렇듯, 당신의 이야기 역시 누군가에게 전해져야 한다.

곰곰이 생각해 보면, 우리 대부분은 몰리에르의 희곡에 나온 주르댕처럼 자신도 모르게 이미 스토리텔링을 실천하면서 살고 있다. 사실을 전하거나, 깨달은 것을 나누거나, 기억을 되살리거나, 일상의 조언을 건넬 때, 그 모든 순간에 이야기가 있다. 우리는 아이에게도, 친구에게도, 직장 동료나 때로는 처음 만난 낯선 사람에게도 이야기를 한다. 그리고 때때로, 의식하지 못한 채 자신에 관한 이야기를 머릿속에서 끊임없이 되뇌고 있다. 그 모든 이야기 속에서 우리는 언제나 주인공이다.

영웅의 여정

정신분석가 융Carl Jung은 인간이 삶의 중대한 갈림길에서 어떤 선택을 하고, 어떻게 그 상황을 받아들이는지에 깊은 관심을 가졌다. 그는 인간이 집단 무의식collective unconscious repertoire이라 불리는 정신 구조를 공유하고 있으며, 그것이 우리가 세상과 관계를 맺는 방식에 깊은 영향을 준다고 보았다. 성장 과정, 삶과 죽음의 순환, 순수함의 상실, 사랑의 힘, 역경을 극복하는 이야기, 선과 악의 대립, 권력·자유·진실·정의를 향한 갈망 등과 같은 보편적인 주제들은 우리가 만들어내는 이야기 속에서 되풀이된다. 결국 이 모든 이야기는 하나의 흐름으로 이어진다. 신화와 전설, 우화 속에 반복해서 등장하는 주제, 바로 영웅의 이야기다.[3)]

오래전 동굴 벽화에서부터 동화, 그리고 오늘날 영화에 이르기까지 영웅의 여정은 익숙한 이야기 주제로서 이어져 왔다. 이야기의 주인공은 모험을 떠나고, 수많은 시련과 시험, 도전을 마주하며, 결국 모든 어려움을 극복한다. 그리고 그 과정에서 깊은 내면의 변화를 경험한다. 대부분 이야기는 주인공이 성장해 가는 여정을 그리고 있다. 어른이 되어가는 과정, 세상에서 자신의 자리를 찾아가고, 자기 삶의 의미를 발견해 나가는 이야기다. 그리고 이러한 보편적 이야기는 주인공의 변화와 자아실현만 다루는 것이 아니라 주인공이 경험하고 느낀 불안

---

3) Carl G. Jung (1969). *The Archetypes and the Collective Unconscious*. London: Routledge & Kegan Paul; Joseph Campbell (2008). *The Hero with a Thousand Faces*. New York: New World Library.

과 실망, 성공과 상실, 비극과 절망도 포함한다. 이야기는 이렇게 여러 겹의 의미를 지닌다. 겉으로는 특정한 시대와 장소에서 벌어진 사실을 이야기하지만, 그 이면에는 인간 본성의 숨겨진 모습이 깃들어 있다. 그리고 우리 자신의 내면과 연결되어 있다. 이야기를 시작하며 이야기 속 인물과 사건, 배경을 묘사하는 순간, 우리의 의식 아래 머물러 있던 어떤 부분이 서서히 모습을 드러내기 시작한다. 의식이 확장되면서 내면에 대한 통찰이 깊어지고, 더 큰 자기 이해와 자각에 이르게 된다. 결국 영웅의 여정은 단지 신화 속 이야기가 아니라, 인간 마음속에 깊이 자리 잡은 이야기 구조이고, 현재 벌어지고 있는 내면의 갈등을 극복하는 과정이다.

그러므로 스토리텔링은 단순한 사건의 나열이 아니다. 당신이 말하는 이야기는 시간에 따라 당신 안에서 어떤 변화가 일어나고 있는지를 보여주는 잘 짜인 이야기다. 이야기는 그 영웅의 여정에서 당신이 어떤 경험을 하였는지 설명해 준다. 물론 이런 과정에서 시간이란 존재는 이야기를 계속 수정하고, 지우고 다시 쓰는 역할을 한다. 그래서 당신의 이야기는 항상 미완성인 상태라고 할 수 있다. 더 정확히 말하자면, 이야기는 삶의 어느 시점에서 말하는가에 따라 달라진다. 이야기 속 장면과 관점은 만화경萬華鏡을 돌려 보듯이 끝없이 바뀐다.

당신이 말하는 이야기는 시간에 따라 당신 안에서 어떤 변화가
일어나고 있는지를 보여주는 잘 짜인 이야기다.

당신이 이야기할 때, 그것은 결코 당신의 이야기에만 머물지 않는다. 스토리텔링은 본질적으로 상호작용이다. 당신이 이야기하는 순간, 그 이야기를 듣는 사람이 어떻게 받아들일지도 중요하다. 당신 이야기가 그들에게 어떤 영향을 미칠 것인가? 또 그들은 자신의 어려움과 연결해 당신의 이야기를 어떻게 해석할 것인가? 이야기를 전달하는 사람으로서, 당신의 이야기는 언제나 다른 누군가의 이야기와 맞닿아 있다. 당신 이야기를 들으면서 그들은 자기가 할 이야기의 일부를 발견한다. 그렇게 당신 이야기는 그들을 기쁘게 하고, 마음을 사로잡고, 감동시키고, 깨닫게 만들고, 영감을 주고, 동기를 불러일으키고, 도전하게 만든다. 당신 이야기는 잊고 있던 감정선을 건드려서, 그들을 화나게 하거나 좌절시키고, 또는 웃거나 울게 만든다.

개인적인 이야기를 꺼내면 쉽게 다른 사람의 삶과 연결된다. 그래서 이야기를 통한 이런 연결은 인간이 느끼는 가장 근원적 두려움인 외로움을 견디는 힘이 된다. 우리는 자신의 이야기를 할 때 외로움을 덜 느낀다. 그리고 누군가는 이렇게 말할지도 모른다. "그래, 나도 그런 마음이었어. 나도 그런 경험이 있었어." 그런 말 한마디는 생각보다 훨씬 큰 위로가 된다. 그런 점에서 이야기는 연대감과 함께, 서로 의지하면 살아가고 있음을 느끼게 한다. 이야기를 통해 지금 겪고 있는 일이 당신에게만 일어난 일이 아니므로, 삶은 여전히 살아갈 의미가 있고, 혼란스러워 보이는 이 세상에도 결국 어떤 질서가 있다는 믿음을 갖는다. 그래서 이야기를 통해 우리는 왜 그런 선택을 하고, 왜 그런 일이 일어났는지 스스로 이해할 수 있게 된다.

당신이 이야기하면서 만족하는 순간은, 듣는 사람이 당신 이야기를 얼마나 갈망하고 있었는지를 느낄 때다. 그들이 처음에는 자각하지 못하지만, 이야기를 들으면서 스스로 배우고 깨닫는 순간이 찾아온다. 당신 이야기를 통해 그들은 자기 삶에서 직면한 도전을 되돌아본다. 그들은 자신이 왜 그런 행동을 반복하는지, 왜 비슷한 질문 앞에서 머뭇거리는지 스스로 깨달을 수 있다. 어떤 사람은 당신 이야기를 통해 '아하!'하는 통찰의 순간을 맛볼 수도 있다. 이처럼 이야기는 듣는 사람에게 즐거움을 주는 것을 넘어, 그들의 문제를 해결할 수 있는 자원이 된다.

당신의 이야기 속 한마디는 듣는 사람의 의식과 무의식을 깊이 울린다. 이런 울림은 당신 삶은 물론 다른 사람의 삶에도 깊은 영향을 미친다. 진심이 담긴 이야기는 듣는 사람의 마음을 움직인다. 당신의 이야기가 상대방의 성격과 행동에 변화를 일으키고, 또 다른 새로운 이야기의 출발점이 되기도 한다. 이야기를 나누는 과정에서 이전에 감히 시작하지 못했던 삶의 도전을 해볼 용기를 얻게 될지도 모른다. 마찬가지로 당신의 이야기는 듣는 사람에게 늘 망설여온 어떤 행동에 나설 결심을 불러일으킬 수 있다. 그렇게 이야기는 우리 삶에서 변화를 일으키는 전환점이 된다.

당신이 말할 준비가 된 이야기는 당신의 삶과 기대,
그리고 미래의 모습을 바꾼다.

당신이 말할 준비가 된 이야기는 당신의 삶과 기대, 그리고 미래의 모습을 바꾼다. 당신이 자신의 강점과 약점, 희망과 꿈을 기꺼이 나누고 드러낼 때, 비로소 다른 사람을 진정으로 이해하고 그들과 진정으로 연결될 수 있다. 이야기를 하면서 당신은 스스로 길을 찾게 될 것이다. 그리고 그 이야기를 듣는 누군가도 당신의 이야기를 통해 자신의 길을 찾을 것이다.

2장.

스토리텔링의 힘

자신의 마음을 바꿀 수 없는 사람은 다른 아무것도 바꿀 수 없다.

– 버나드 쇼George Bernad Shaw

나는 휘어지고 부서졌지만, 그 덕에 더 나은 모습으로 변했기를 바란다.

– 찰스 디킨스Charles Dickens

스토리텔링이 중요하다는 점은 오래전부터 잘 알려져 있다. 그렇지만 스토리텔링이 우리의 정신적, 생리적 기능에 어떤 영향을 미치는지는 잘 알려지지 않았다. 스토리텔링은 마음의 회복과 안정에 깊게 연결되어 있다. 자신이 역경을 어떻게 극복했는지 이야기하는 것은 자신의 정신 건강에 도움이 된다. 물론 스토리텔링이 모든 정신 건강 문제를 해결할 수 있는 만능 해결책은 아니지만, 희망이 담긴 이야기는 인지

기능을 향상하고 정서 상태를 긍정적으로 바꿀 수 있다.[1] 이야기하면서 자기 삶에서 반복되는 문제를 벗어날 수 있는 계기를 찾게 된다. 자신을 얽매고 있던 생각에서 벗어나고, 삶을 새롭게 바라보면서 우리는 자기 삶을 더 긍정적으로 볼 수 있는 다른 이야기를 찾을 수 있다.

심리생리학적 관찰

이야기를 전달할 때, 말하는 사람의 생각과 감정, 이미지가 듣는 사람의 뇌 속으로 전달된다. 이 과정에서 말하는 사람과 듣는 사람의 뇌는 실제로 같은 리듬을 타기 시작한다. 이야기가 갖고 있는 정서적 힘 덕분에 두 사람의 감정은 자연스럽게 연결된다. 뇌의 동기화synchronizing 과정을 통해 이야기 속 의미와 목적이 공유되며, 서로 생각과 감정을 이해할 공통 기반이 생긴다. 이러한 뇌의 반응은 다른 사람의 관점에서 세상을 바라보게 하고, 익숙한 것을 전혀 새로운 시각으로 다시 보게 만든다. 상상력의 힘이 더해지면, 당신은 이야기 속 인물이 될 수 있다. 그래서 이야기는 강렬한 감정을 불러일으킨다. 그 감정은 단지 말하는 사람뿐 아니라 듣는 사람의 마음속에도 생생하게 일어난다.

---

1) Carol Haigh and Pip Hardy (2011). "Tell Me A Story - A Conceptual Exploration of Storytelling in Healthcare Education." *Nurse Education Today*, 31: 408–411; Raymond Berger (2007). "Therapeutic Storytelling Revisited." *American Journal of Psychotherapy*, 61(2): 149–162.

이야기는 사람들의 뇌를 하나로 연결한다.

인간의 뇌는 상상하는 것을 실제 경험하는 것과 같은 방식으로 처리한다. 그래서 이야기를 들으면 마치 실제 상황에 반응하듯 감정이 일어나고, 몰입감이 생기고, 행동으로 반응한다. 당신이 이야기 속 주인공과 정서적으로 연결되었다고 느끼게 된다. 이야기를 들으면서 당신은 자신의 관점을 잠시 벗어나 다른 사람의 관점을 이해하게 되고, 다른 사람을 더 공감하게 된다.

어떻든 이야기는 뇌에 직접 영향을 미친다. 이야기를 통해 변화가 일어나기 시작한다. 말하는 사람과 듣는 사람의 뇌에서는 같은 부위가 활성화된다. 거울신경세포mirror neuron가 활성화되는 신경 결합neural coupling[2)]이라고 불리는 이 현상은 이야기를 들을 때 듣는 사람의 뇌세포가 말하는 사람의 뇌세포와 같은 방식으로 반응하는 것을 말한다. 신경과학자의 연구에 따르면, 이야기가 잘 전달되었을 때 우리의 운동 영역, 감각 영역과 전두엽 피질frontal contexes 영역이 함께 활성화된다. 이 영역들은 이야기의 결말이 어떻게 맺을지 기대하면서 더욱 단단히 연결되고, 이 연결 과정에서 기분을 좋게 만드는 도파민dopamine이라는 신경전달물질neurotransmitter이 중요한 역할을 한다. 이처럼 이야기

2) Patrick Colm Hogan (2003). *The Mind and Its Stories: Narrative Universals and Human Emotion*. Cambridge: Cambridge University Press; Jeremy Hsu (2008). "The Secrets of Storytelling: Why We Love a Good Yarn." *Scientific American*, 19(4): 46–51.

를 들을 때 분비되는 신경전달물질 덕분에 우리는 다른 사람의 슬픔과 기쁨, 아픔을 함께 느낄 수 있다. 그리고 이렇게 분비된 도파민 덕분에 감정을 불러일으키는 사건을 경험하거나 그와 비슷한 이야기를 들으면 사실을 훨씬 더 생생하게 기억한다.

따라서 스토리텔링을 통해 서사의 이동narrative transportation이라고 표현할 수 있는 과정이 일어난다. 이 과정은 언어와 문자, 상상력이 역동적으로 맞물리며 인지적, 정서적 몰입 상태를 만들어, 이야기를 듣는 사람이 이야기를 말하는 사람의 세계로 깊숙이 들어가게 된다. 그리고 이러한 서사의 이동 과정을 통해 이야기는 말하는 사람과 듣는 사람 모두를 이야기 속 사건에 깊이 빠지게 하여, 이야기가 진행되는 동안 자신을 잊게 만든다.

이러한 서사의 이동 과정은 앞서 언급한 거울신경세포, 대화 언어 구조conversational language structure, 은유 처리metaphor processing 능력, 상상력 등 인간의 진화 과정에서 축적된 선적응pre-adaptation[3] 능력에 바탕을 두고 있다. 우리는 이야기에 일정 시간 이상 집중하면, 어느새 이야기 속 인물의 감정과 공명하게 된다. 이런 신경 이동neural transportation 효과는 이야기를 듣는 사람이 등장인물의 감정을 그대로 느끼는 감정 이입을 불러일으킨다. 더 나아가 이야기를 듣는 동안 듣는 사람의 뇌에서는 예측 반응anticipatory responses이 나타나는데, 이는 이야기의 흐름을 예측하고 그에 따라 행동을 조정하는 예측적 연결anticipatory coupling이 일

3) [역자 주] 어떤 환경에 적응하는 데 필요한 특성이나 능력을 미리 갖추는 사전 준비나 과정

어날 수 있음을 의미한다. 그리고 이 연결 효과가 클수록 화자와 청자 사이, 혹은 이야기와 청자 사이의 감정적 유대가 더욱 강해진다.

쉽게 말하자면, 이야기는 사람들의 뇌를 하나로 연결한다. 이야기를 들을 때에는 언어를 처리하는 뇌 영역만이 아니라, 마치 그 이야기를 실제로 경험할 때 반응하는 뇌의 다른 부위까지 함께 활성화된다. 즉, 인간의 뇌는 상상하는 것을 실제 경험하는 것과 같은 방식으로 처리한다.

이러한 신경 결합이 일어나는 서사의 이동 때문에 당신은 주위 현실을 잊고 완전한 몰입 상태가 된다. 이야기가 전개됨에 따라 손바닥에 땀이 나거나, 심장이 더 강하게 뛰고, 표정이 바뀐다. 이 모든 것이 당신이 그 이야기에 깊이 몰입하고 있다는 생리적 신호다. 이야기가 펼쳐지면서 듣는 사람의 뇌파는 말하는 사람의 뇌파와 동기화된다. 말하는 사람과 듣는 사람의 뇌 활동은 거울효과가 일어나 서로 따라 하기 시작한다. 따라서 이야기를 듣는 사람은 그 이야기 속에 자신의 경험을 엮어 넣는다. 실제로 이야기를 더 잘 이해할수록 듣는 사람의 뇌파 패턴은 말하는 사람의 뇌파 패턴과 일치한다. 이 신경 이동neural transportation 효과는 공감empathy이라는 정서적 반응의 토대가 된다. 공감은 인간처럼 사회적 관계를 맺고 살아가는 존재에게 진화적으로, 그리고 정신적으로도 매우 중요한 작용이다. 왜냐하면 공감 덕분에 우리는 다른 사람의 의도를 빨리 읽어낼 수 있기 때문이다. 그래서 공감이란 그냥 듣기 좋은 단어가 아니라 뇌와 몸의 화학 작용으로 비롯된 물리적, 생물학적 현상이다.

인간의 뇌는 상상하는 것을 실제 경험하는 것과 같은 방식으로 처리한다.

이야기 속 인물과 연결될 때, 뇌에서는 옥시토신oxytocin이라는 호르몬이 분비되는데 이 호르몬은 유대감 및 공감과 관련이 있다. 옥시토신은 이야기 속 등장인물과 직접 접촉하지 않아도 정서적 유대감을 형성하게 해준다. 당신의 뇌에서 옥시토신이 분비되면, 당신은 그 대상을 신뢰하고, 그에게 관대해지고, 베풀고 싶고, 따뜻하게 대하려고 한다. 옥시토신은 사랑하거나 신뢰하는 사람과 함께 있거나, 그들을 껴안거나 심지어 악수할 때 분비되므로 흔히 신뢰의 호르몬, 또는 사랑의 호르몬이라 불린다.

이와 같이 뇌에서 일어나는 특정한 신경생리학 과정 덕분에 우리는 다른 사람과 바로 관계를 맺을 수 있다. 이렇게 바로 관계를 맺을 수 있는 능력은 대규모 협력을 가능하게 할 뿐 아니라, 마주치는 사람이 기분이 좋은지 화가 난 상태인지, 안전한지 위험한지, 적인지 아군인지 직관적으로 판단하는 데 도움을 준다. 다른 사람이 어디서 왔는지, 무엇을 하는지, 혹시 같이 아는 사람이 있는지에 대한 이야기를 하면서 그와 관계를 맺는다. 말하자면 스토리텔링은 깊은 정서적 연결을 만들 수 있다. 한 가지 덧붙인다면, 어떤 이야기는 듣는 사람의 뇌에 스트레스 호르몬인 코르티솔cortisol을 분비하게 만든다. 코르티솔이 분비되면 당신은 한 사람에 관한 이야기를 더 섬세하고 깊게 이해할 수 있다. 이야기 속에서 긍정과 부정의 감정을 동시에 경험할 수 있다.

그 결과 하나의 이야기에서 두려움과 용기, 사랑과 증오, 연민과 슬픔, 비탄과 기쁨이라는 감정을 모두 느끼면서 단맛과 쓴맛이 섞인 것 같은 복합적인 감정 경험을 한다. 모든 움직임이 다 앞으로만 나아가는 것이 아니듯이, 모든 변화가 다 성장이라고 할 수는 없다.

정신 건강을 돕는 스토리텔링

이야기에는 사람을 즐겁게 하고, 정보를 전달하고, 영향을 끼치고, 교육하는 다양한 역할 이외에도 치유하는 힘이 있다. 이야기를 나누는 것은 정신 건강을 유지하는 데 매우 중요하다. 분명히 스토리텔링은 건강한 삶과 연결되어 있다. 예를 들어, 다른 사람에게 자신의 개인적 이야기를 할 때 정서적 해방감을 느낄 수 있는 것처럼, 스토리텔링은 스트레스와 불안을 덜어내는 데 도움을 준다. 사실 이야기를 할 수 있다는 것은 인지 기능과 정서 상태에 놀라운 긍정적 효과가 있다. 즉, 이야기하고 듣는 것은 우리 삶의 질을 높이는 데 엄청난 도움을 준다.

이야기를 들을 때 일어나는 공감 반응 덕분에, 정신 건강에 어려움을 겪고 있는 사람도 스토리텔링을 통해 다른 사람과 깊고 의미 있게 연결될 수 있다. 한 사람이 자신의 이야기를 할 때, 이야기를 듣는 사람이 뭔가 도움이 필요하다고 느낀다면 자연스럽게 손을 내밀게 된다. 다시 말해, 스토리텔링은 정신 건강에 어려움을 겪는 사람이 자기 삶의 상황을 변화시킬 실마리를 찾는 데 도움을 준다. 이야기를 듣는 사람은 그 사람이 처한 문제를 다른 방식으로 풀어 나가는 대안을 제시하거나, 왜곡된 믿음을 다르게 바라볼 수 있는 관점을 제공하여 삶의 방향을 바꾸는 전환점을 마련해 줄 수도 있다. 때로 그들이 다시 앞으로 나갈 수 있도록 돕는 긍정적 통찰의 한마디를 건네기도 한다. 결국, 스토리텔링은 자신의 삶을 주도적으로 살 수 있게 도와주는 강력한 도구가 될 수 있다.

그래서 스토리텔링에 대해 우리가 알아낸 사실을 바탕으로 이런 질문들을 할 수 있다. 스토리텔링이 효과적인 이유는 어떤 정신 역동이 작동하기 때문인가? 더 나은 정신 건강을 위해 어떻게 스토리텔링을 활용할 수 있을까?

- **당신은 결코 혼자가 아니다: 자신의 문제를 인정하기**. 스토리텔링은 정서적 연결을 가능하게 한다. 자신의 이야기를 하고, 다른 사람의 이야기를 듣는 일은 우리가 결코 혼자가 아니라는 사실을 일깨워 준다. 첫째, 우리는 본능적으로 큰 어려움을 극복한 사람의 이야기를 좋아한다. 실제로 대부분의 신화는 긴 여정을 떠나 수많은 어려움을 극복하는 영웅에 관한 이야기다. 둘째, 당신의 이야기는 다른 사람의 이야기와 닮아 있을 수 있다. 그래서 다른 사람의 이야기를 들으면, 그들 또한 나와 비슷한 길을 지나왔다는 사실을 깨닫게 된다. 그런 경험을 나누는 것만으로도, 한때 이상하게만 느껴졌던 나의 삶이 조금은 더 보편적이고 평범한 삶으로 느껴진다. 어쩌면 그렇게 낯설고 혼란스러운 경험을 이야기하는 것만으로도

그 경험과 연관된 감정을 밖으로 흘려 내보낼 수 있다. 공감이라는 본능적 반응 덕분에 우리는 다른 사람과 연결되는 것이다. 셋째, 다른 사람의 이야기를 들으면서 우리는 그들이 겪은 고난과, 때로는 그 어려움을 이겨내지 못한 경험까지 들여다보게 된다. 이 통찰은 자신의 문제를 인정하는 데 도움이 되고, 이것이 변화의 첫걸음이다. 그렇게 문제를 인식하게 되면, 받아들이는 단계로 나갈 수 있다. 사실 자신을 있는 그대로 바라볼 수 있는 능력과 용기가 없다면 진정한 변화는 일어나지 않는다.

자신의 문제를 받아들여야, 문제를 극복할 방법을 스스로 찾으려는 의지를 갖는다. 그래서 알코올 중독이나 마약 중독자를 치유하는 모임에서 스토리텔링을 활용하고, 또한 사회적 불안, 우울증, 가정폭력, 암을 포함한 다양한 어려움을 겪고 있는 사람들 역시 스토리텔링을 통해 도움을 받고 있다.

- **자신감 회복**. 이야기를 하고 듣는 일은 자신감을 키우는 데도 큰 힘이 된다. 특히 자신과 비슷한 길을 걸어온 사람의 이야기를 듣는 것은 강력한 효과가 있다. 그 사람이 그 문제를 어떻게 다뤘는지를 들으면서 다른 사람의 도움과 지지를 받는 것이 얼마나 효과적인지 깨닫는다. 그렇게 함으로써 자신이 느끼는 불편함이나 두려움, 수치심, 당혹감을 극복할 수 있다. 사실 비슷한 상황을 겪은 사람과 연결되고 교감하는 일 자체만으로도 자신을 바라보는 방식에 근본적인 전환이 일어난다. 이런 연결의 경험은 공개적으로는 물론이고, 속으로도 인정하기 주저해 온 문제나 혼란한 상태를 받아

들이는 데 도움을 준다. 많은 사람은 "나만 그런 게 아니었구나." 라는 단순한 자각만으로도 자신의 정신 건강을 돌보는 방식에 큰 변화를 주게 된다.[4)]

- **자기관찰**. 스토리텔링이란 결국 자기 자신을 발견해가는 과정이다. 자신만의 방식으로 이야기를 풀어낼 때 말하는 사람과 듣는 사람 모두가 문제의 근본 원인에 다가갈 수 있다. 이야기를 듣는 사람은 이야기에 관해 질문하거나, 이야기를 듣고 난 후 자기 생각을 나누게 된다. 그 과정을 통해 이야기를 한 사람은 자신에 대해 새롭고 특별한 통찰을 얻게 된다. 다시 말해, 이야기는 또 다른 이야기를 불러온다. 다른 사람의 이야기를 듣고 생각하면서, 우리는 자기 이야기를 다시 생각할 공간을 만든다. 지금 내가 겪고 있는 문제를 다른 시각에서 바라보는 것만으로도 큰 도움을 얻을 수 있으며, 스토리텔링은 그 문제를 만들어낸 요인이 무엇인지 더 뚜렷하게 보게 만든다. 결국, 스토리텔링은 삶의 문제를 다른 사람과 나누며, 그 과정을 통해 삶의 의미를 발견하는 강력한 도구가 된다.

스토리텔링이란 결국 자기 자신을 발견해가는 과정이다.

또한 자기 이야기를 하고 싶다면, 이야기를 구성하는 그 과정 자체가 자기관찰과 자기분석의 시간이 될 것이다. 이야기 속에 어

4) Peter Muntig (2016). "Storytelling, Depression and Psychotherapy," in *The Palgrave Handbook of Adult Mental Health*, edited by Michelle O'Reilly and Jessica Lester (pp. 577–596). London: Palgrave Macmillan.

떤 내용을 포함할 것인지, 어떤 것을 뺄 것인지, 그리고 어떤 부분에 대해 도움을 받고 싶은지 고민할 것이다. 이렇게 자신의 이야기를 어떻게 구성할지 스스로 설계하는 것은, 당면한 문제를 조금 떨어져 바라볼 수 있게 해 준다. 이 자기관찰의 과정은 자기 생각을 명확히 정리하게 해 준다. 그런 의미에서 스토리텔링은 외현화externalization의 한 형태이다. 문제를 내면화하지 않고 외현화하는 것은 자신의 바람직하지 않은 행동을 어떻게 바꿀 것인지에 대해 초점을 맞추도록 도와준다. 자신에 대해 깊은 통찰을 할 뿐 아니라, 자기비판의 태도를 줄이는 데도 도움이 된다. 이러한 태도는 자존감을 높이고, 미래지향적 태도와 삶의 구체적 변화를 만들려는 동기를 키울 수 있다.

- **재구성의 기술**. 부정적인 이야기를 되짚고, 상처받은 경험과 거리를 두는 것은 현재 습관적으로 반복하고 있는 패턴을 재구성하는reframing 첫걸음이다. 이를 통해 삶을 바라보는 시각도 더 긍정적으로 변화한다. 이 재구성 과정에서 중요한 것은 자신이 가진 강점을 먼저 보는 것이다. 자신의 강점을 중심으로 새로운 관점을 세우면 현재 마주한 어려움을 다른 시각에서 바라볼 수 있고, 더 큰 자기역량 강화self-empowerment를 이룰 수 있다. 삶을 스스로 통제할 수 있다고 믿게 되면 자신의 이야기를 더욱 긍정적인 관점에서 쓸 수 있다. 즉, 이야기를 하는 사람은 자신의 삶에 더 큰 의미를 부여하는 방식으로 자기 이야기를 재구성할 수 있다. 새로운 이야기는 자신의 과거를 존중하는 동시에, 더 건설적인 방법으로 앞으로 나아

가도록 만든다. 이런 방법을 통해 당신이 직면한 어려움과 거리를 둘 수 있다. 또한 당신의 이야기를 듣는 사람에게 격려와 지지를 받게 되면, 자신의 사고방식과 행동 패턴에 변화를 시도할 힘을 얻는다. 자신이 진정으로 무엇을 할 수 있는지 돌아보면서 미래를 위한 이야기를 다시 써 내려간다. 다만 이런 과정에서 개인의 성장은 종종 불편함을 동반한다는 사실도 인식해야 한다.

자신의 이야기를 어떻게 구성할지 스스로 설계하는 것은,
당면한 문제를 조금 떨어져 바라볼 수 있게 해 준다.

한편, 이야기를 듣는 처지라면, 다른 사람이 말하는 이야기를 잘 들으면서 이야기 속에서 문제점을 인식하고 그 문제가 그에게 어떤 영향을 끼쳤는지 자각하도록 돕는 역할을 할 수 있다. 즉, 이야기를 하는 사람이 직면한 문제를 더 긍정적인 방식으로 재구성할 수 있도록 돕는 것이다. 이야기를 한 사람은 자기 삶을 지배하는 부정적인 이야기를 고쳐서 다시 쓰고, 더 건강한 관점으로 삶을 확장해 나갈 수 있다는 것을 깨닫는다. 이러한 자각은 혼란스러운 상황에서도 더 쉽게 결정을 내리고, 의미 있고 균형 잡힌 무언가를 만들어내는 데 도움이 된다. 자신에 관해 말하는 이야기가 자신의 자존감에 얼마나 영향을 끼치고 있는지, 직장과 가정에서 맞닥뜨리는 어려움을 어떻게 다루고 있는지 한눈에 보여준다는 것을 알게 된다. 당신은 상대가 고착된 믿음을 뛰어넘어 삶의 관점을 확장

하도록 격려하면서, 그가 이제 새롭고 건강한 관점을 갖고 앞으로 나아가는 새로운 이야기를 쓸 수 있게 돕는 것이다. 실제로 변화의 이야기는 새로운 미래를 여는 데 큰 힘이 된다. 경험을 재구성하는 과정을 통해 사람들은 어려움을 견디고 이겨내는 힘을 기르고, 그 힘을 이제부터 어떻게 쓸 수 있을지 배우고 깨닫는다.

물론 이 작업은 이야기하는 사람만을 위한 것이 아니라 이야기를 듣는 당신에게도 해당한다. 당신은 그를 도우면서 동시에 당신 자신을 돕는 것이다. 당신은 그가 자신의 삶에서 미래를 두려워하게 만든 사건을 받아들이도록 돕는 것이지만, 인간은 원래 자기중심적 존재인만큼 이 과정은 당신 자신에게도 중요한 영향을 끼친다.

- **행동 변화**. 스토리텔링은 행동 변화를 이끄는 데 도움이 된다. 자신의 이야기를 할 때, 우리는 새로운 통찰과 이해를 받아들일 기회를 얻는다. 새로운 통찰은 삶에 긍정적 변화를 끌어낸다. 즉, 잘 전달된 이야기는 듣는 사람의 반응을 통해 강력한 변화의 매개가 되고, 마음속 치유의 힘이 작동하게 만든다. 다른 사람이 어려움을 극복한 이야기를 듣는 것만으로도 자기 자신의 어려움을 극복하고 두려움에 맞설 힘을 얻는다. 그런 점에서 이야기는 영감을 주고 동기를 부여하며 행동을 촉진한다.

아무리 강한 신념이라도 스토리텔링에 영향을 받을 수 있다. 때로 다른 사람의 역기능적 행동 패턴을 바꾸기를 원할 때, 이야기를 통해 모델링할 수 있다. 그들에게 이야기를 들려주는 것은 오랫동안 고착된 신념을 바꾸고 더 건강한 행동을 하는 데 중요한 역할을 한다. 결국 이야기는 사람의 기억과 행동, 그리고 정체성에까지 강력한 영향력을 끼친다.

나만 혼자 겪는 어려움이 아니라는 것을 깨닫고, 자기관찰을 시작할 준비를 하고, 자신의 문제를 직면할 각오가 섰다면, 이제 자신에게 말하고 있는 이야기를 냉정히 들여다보아야 한다. 지금 필요한 일은 개인적 경험과 이야기가 현재 문제에 어떤 방식으로 작용하고 있는지를 살펴보는 것이다. 과거를 존중하되, 더 건설적인 미래를 향해 나아가기 위해 새로운 이야기를 만들어야 한다. 이를 위해 현재 자신이 만든 이야기를 해체해서 자신의 상황을 더 명확히 이해할 필요가 있다. 물고기가 자신이 물속에 있다는 사실을 인식하지 못하듯, 당신 역시 자기 이야기 속에 너무 깊이 빠져 있어 빠져나오는 방법을 모를 수 있다. 그러나 당신이 이야기하고 다른 사람의 반응을 듣는 과정을 통해, 스스로 자신을 묶은 그물을 풀어낼 수 있다. 이 과정을 통해 자신의 이야기에 대한 혼란이 점차 줄어들고, 이야기를 듣는 사람의 도움을 받아 이야기를 더 작은 부분들로 나누어 보게 된다. 그렇게 함으로써 자신의 문제를 더 명확히 이해하고, 해결을 위한 구체적 방향을 잡을 수 있다.

물고기가 자신이 물속에 있다는 사실을 인식하지 못하듯, 자신 역시 자기 이야기 속에 너무 깊이 빠져 있어 빠져나오는 방법을 모를 수 있다.

또한 이야기를 해체하는 것은 문제나 사건, 경험을 이루는 언어

를 분해하여 다른 가능성의 의미를 찾아내는 과정을 포함한다. 실제로 바라보는 방식을 바꾸면, 바라보는 대상 자체가 달라진다. 언어의 맥락에서 해체deconstruction란, 다른 사람을 비난하며 문제를 외부로 돌리는 대신, 자신의 감정과 반응을 새로운 틀로 다듬어 표현하는 작업을 의미한다. 따라서 당면한 문제를 자신이 주도할 수 있는 방식으로 재구성하는 것이 과제이다. 그래야 비로소 삶의 주도권을 되찾을 수 있다.

바라보는 방식을 바꾸면, 바라보는 대상 자체가 달라진다.

이 해체 과정의 출발점은 자신의 이야기를 하는 데 있지만, 자신의 문제가 어떤 목적을 갖고 있었는지 탐색해야 한다. 지금, 이 시점에서 그 이야기가 가진 원래 목적이 더는 유효하지 않을 수 있기 때문이다. 이제 자기 삶의 이야기를 다시 써보자. 과거의 깊은 상처를 재구성하고, 문제의 초점을 현재 자신의 강점과 회복 탄력성에 맞춰 보자. 새롭게 삶의 이야기를 쓰는 과정에서는 특정 문제에 얽매인 존재가 아니라, 문제를 극복할 수 있는 사람으로 자신을 그려야 한다. 이제 어린 시절부터 반복되어 온 외상의 고리를 끊어야 한다. 스스로 결정할 수 있다는 사실을 인정하고, 자신의 목소리를 내야 한다. 실제로 이야기를 다시 쓴다는 것은, 그동안 맞닥뜨린 문제와 생존 방식에 빼앗겼던 삶의 주도권을 되찾는 과정이다. 다만 도움이 되지 않는 자신의 오래된 이야기를 밀어내기 위해

서는 더 좋은 이야기가 필요하다. 그렇게 새로 쓴 이야기는 적절한 맥락에서 전달될 때—다른 어떤 논리적 설명으로도 할 수 없는 방식으로—과거의 사건을 더 긍정적 감정으로 다시 바라보게 하는 힘을 지닌다.

이야기를 다시 쓴다는 것은, 그동안 맞닥뜨린 문제와 생존 방식에 빼앗겼던 삶의 주도권을 되찾는 과정이다.

- **희망 만들기**. 스토리텔링의 기술에서 중요한 것은, 더 나은 미래에 대한 희망을 스스로 만들어 가는 것이다. 삶에서 반복되는 문제를 그대로 두는 대신, 자신의 긍정적인 정체성을 만들어 가야 한다. 이를 위해 때로 전문가에게 도움을 요청하며 자신을 관리하고 자신의 문제에 맞서야 한다. 그렇지만 흔들리고 무너질 위험은 항상 존재한다는 점도 인식해야 한다.

  이 희망을 만들어가는 과정에서 스토리텔링은 개인 성장을 견인하는 핵심 역할을 한다. 스토리텔링은 자신이 직면한 정신 건강 문제를 정상적인 경험으로 받아들이는 데 도움을 준다. 또한 자기 경험을 다른 사람과 계속 나누면서 자기 상황을 안정시키는 동시에 다른 사람들에게 희망을 주고, 그들도 자신의 문제에 맞서도록 영감을 준다. 당신의 이야기는 때로 듣는 사람이 겪어야 할 변화를 앞서 보여주는 본보기가 된다. 이야기를 듣는 사람은 자신을 당신의 상황에 대입하면서 당신이 내린 선택이 왜 옳았는지를 이해하게 된다. 이 과정을 통해 당신이 자기 이야기를 스스로 주도해 나갔던 방식을 보여줌으로써, 듣는 사람 또한 자신의 삶을 주도할 수 있을 것이다. 항상 기억해야 할 것은, 우리는 결국 자신과 다른 사람에게 들려주는 이야기대로 자기 삶을 살아간다는 사실이다.

스토리텔링의 기술에서 중요한 것은, 더 나은 미래에 대한 희망을 스스로 만들어 가는 것이다.

- **지혜를 얻기**. 결국 스토리텔링을 통해 삶을 더 긍정적으로 바라볼 수 있다. 시련을 딛고 일어난 이야기를 들려주는 것은 의미 있는 삶을 살아갈 수 있다는 희망을 심어준다. 삶의 큰 도전을 겪은 뒤 삶의 지혜가 늘어난다. 또한 미래에 대한 희망을 담은 이야기를 스스로에게 들려줄 수 있다면, 그 이야기를 믿는 데서 생긴 자신감 덕분에 목표를 이루는 데 필요한 역량을 기를 때까지 포기하지 않고 나아갈 수 있다. 앞서 언급했듯, 자신에게 이야기를 들려주는 과정을 통해 자신을 더 깊이 이해하고 다른 사람과 공통점을 발견하게 된다. 이런 공명은 삶의 의미를 만들어가는 데 중요한 역할을 한다. 또한 다른 사람의 이야기를 들으며 새로운 시각을 얻고, 주변에 대한 이해를 넓힐 수 있다. 이 과정에서 다른 사람이 세상을 바라보는 방식을 관찰하고, 자신이 세상을 이해하는 방식에 도전하며 확장하게 된다. 그 결과 자신의 삶이 어떻게, 그리고 왜 변화하는지를 더 잘 이해하게 될 것이다.

우리는 자신과 다른 사람들에게 들려주는 이야기대로
자신의 삶을 살아간다.

그러나 이러한 변화는 편안함의 영역에서 스스로 벗어날 준비가 되어 있지 않다면 절대 일어나지 않는다. 변화는 늘 경계 지대twilight zone에서 시작된다. 그리고 그 경계 지대에 있는 동안, 어떤 일이든 쉬워지기 전에 반드시 한번 어려운 과정을 거친다는 사실을 기억하자.

3장.

아라비안나이트

가장 널리 퍼진 잘못된 신념 가운데 하나는 모든 인간이 특정한 성질을 타고났다고 믿는 것이다. 예를 들어, 어떤 사람은 친절하고, 어떤 사람은 악하며, 어떤 사람은 지혜롭고, 어떤 사람은 어리석으며, 어떤 사람은 활기차고, 어떤 사람은 무기력하다고 생각한다. 그러나 이것은 사실이 아니다. 어떤 사람은 악하기보다는 친절한 경우가 더 많고, 어리석기보다 현명한 경우가 더 많고, 무기력하기보다 활기찬 경우가 더 많다고 말할 수 있다. 그렇지만 어떤 사람이 항상 친절하거나 지혜롭다든지, 또는 항상 악하거나 어리석다고 말하는 것은 옳지 않다. 그런데도 우리는 사람을 이렇게 나눈다. 이것은 잘못된 것이다. 사람은 강과 같다. 모든 강물은 본질적으로 같지만, 어떤 곳에서는 좁고, 어떤 곳에서는 빠르고, 또 어떤 곳에서는 넓고, 어떤 곳에서는 잔잔하고, 어떤 곳에서는 맑고, 어떤 곳에서는 차갑고, 또 어떤 곳에서는 탁하고, 어떤 곳에서는 따뜻하다. 사람도 이와 같다. 모든 사람은 모든 성질의 씨앗을 품고 있고, 때로 어떤 성질을 보이고, 또 다른 때는 다른 성질을 드러낸다. 때로 겉보기에는 똑같아 보이지만, 본래 자신과 전혀 다른 모습을 보이기도 한다.

– 톨스토이Leo Tolstoy

스토리텔링의 다양한 면을 살펴본 데 이어, 이 장에서는 스토리텔링의 본질을 잘 드러내는 셰헤라자드Scheherazade 이야기를 하려고 한다. 물론 셰헤라자드라는 이름을 들어본 적이 있을 것이다. 그녀는 페르시아 왕 중의 왕으로 불렸던 샤흐리야르Shahryār 왕의 왕비였다. 샤흐리야르는 여성을 증오하는 것으로 유명한 왕이었다. 그의 증오는 첫 번째 왕비의 배신에서 비롯되었다. 아내의 불륜을 알게 된 왕은 왕비를 참수했다. 이후 모든 여성을 혐오하게 된 샤흐리야르는 매일 새로운 여인을 왕비로 맞아들인 뒤, 다음 날 아침 처형하기로 마음먹었다. 왕의 분노가 계속될수록 왕국은 점점 더 어둡고 무거운 그림자로 뒤덮였다. 한때 기쁨과 품격이 넘치던 왕국은 공포와 고통의 땅으로 변해갔다. 이제 이 왕국에서 젊은 여성으로 살아가는 것은 매우 위험한 일이 되어버렸다. 자기 딸들을 지키기 위해 많은 사람이 다른 나라로 도망가기 시작했다.

이렇게 몇 년이 흐른 뒤, 이제 이 왕국에서 혼인이 가능한 여성은 모두 죽임을 당했거나 도망쳐버렸다. 왕국에서 신부가 될 수 있는 여성으로 단 두 사람, 장관의 두 딸 셰헤라자드와 디나르자드Dinarzade만 남았다. 나라가 깊은 혼란에 빠진 상황에서, 큰딸 셰헤라자드는 자신과 앞으로도 더 희생될 수 있는 여성들을 구하기로 결심하였다. 아버지의 반대를 무릅쓰고, 그녀는 스스로 왕과 결혼하겠다고 나섰다. 아버지는 셰헤라자드의 결심을 만류했지만, 결국 딸의 뜻을 받아들였다.

자신의 결혼식이 열린 그날 밤, 셰헤라자드는 왕에게 마지막 소원이라며 동생 디나르자드와 함께 있게 해달라고 간청했다. 디나르자드가 왕궁에 오게 되면 언니에게 이야기를 청하도록 미리 약속해 두었다. 왕의 허락으로 동생 디나르자드는 왕궁으로 왔고, 디나르자드의 요청으로 셰헤라자드는 첫 번째 이야기를 시작했다.

그러나 동이 트기 직전, 셰헤라자드는 의도적으로 이야기를 가장 긴박한 순간에서 멈췄고, 왕은 그 이야기의 결말이 궁금해졌다. 왕의 기대감을 더 부추기기 위해, 셰헤라자드는 이야기를 끝내지 못한 것이 아쉽다고 말하며, 이어지는 이야기는 훨씬 더 재미있을 것이라고 덧붙였다. 왕이 그녀의 이야기에 깊이 빠져 있었기에, 그 이야기의 결말을 듣기 위해 셰헤라자드를 죽이지 않고 하루 더 살 수 있게 허락했다. 그렇지만 다음 날 밤, 셰헤라자드는 전날 이야기를 마무리한 뒤 곧바로 새 이야기를 시작했고, 또다시 끝을 맺지 않은 채 밤을 넘겼다. 그렇게 천 일 동안 셰헤라자드는 이야기를 이어갔다.

셰헤라자드에게 매일 밤 이야기를 한다는 것은 말 그대로 자신의 생사가 걸린 일이었다. 그녀는 매일, 왕의 흥미를 끌면서도 비위를 거스르지 않기 위해 아슬아슬한 균형을 유지해야 했다. 그러나 시간이 흘러 이야기가 쌓이면서, 샤흐리야르 왕은 셰헤라자드의 아름다움과 매력, 지성과 지혜에 마음을 빼앗기기 시작했다. 마침내 그는 자신이 저질러온 잘못을 깨닫고, 셰헤라자드에게 진심으로 사랑을 고백하면서 마침내 왕의 복수는 멈췄다. 왕국은 예전의 평화롭고 풍요로운 모습으로 되돌아갔다. 셰헤라자드가 두려움에 갇혔던 나라를 구한 것이다. 사실 셰헤라자드라는 이름은 페르시아어로 '나라를 구하는 자'를 의미한다.

이 이야기 덕분에 셰헤라자드는 『아라비안나이트One Thousand and One Nights』의 내레이터로서 역사에 이름을 남기게 되었다. 학자들에 따르면, 이 책은 원래 구전되던 민간 이야기를 바탕으로 수 세기에 걸쳐 다양한 지역의 이야기가 더해진 이야기 모음 책으로 만들어졌다. 그러나 그 이야기의 기원이 언제이든, 셰헤라자드는 다채로운 이야기를 풀어내면서 왕에게 새로운 세상을 열어주었다.

셰헤라자드가 왕에게 들려준 많은 이야기를 넘어, 사실 진짜 이야기는 그녀와 샤흐리야르 왕 두 사람에 관한 이야기다. 그런 점에서 셰헤라자드는 세계 문학사에서 가장 영리한 여성 주인공 가운데 한 명이라고 할 수 있다. 셰헤라자드는 힘에 의존하지 않고, 단순하지만 대담한 방식으로, 기지를 발휘하여 왕을 변화시켰다. 왕의 호기심을 자극하고, 이야기 속에 담긴 교훈을 통해 삶에 대한 왕의 시각을 바꾸어 놓았다. 다른 관점으로 보면, 셰헤라자드는 심리상담사이자 코치로서 변화의 중재자 역할을 해낸 인물이라 할 수 있다. 심리적 개입psychological intervention이라는 새로운 방식을 실험한 사람이기도 하다. 즉, 그녀는 연쇄 살인자인 왕과 결혼을 자처했지만, 스토리텔링이라는 도구를 통해 왕이 스스로 연민과 도덕성을 회복하도록 만들었다.

유도

왕의 변화는 셰헤라자드가 스토리텔링의 힘을 활용할 줄 알았기 때문에 가능했다. 이 책의 서문에서 언급했듯이, 스토리텔링은 인류 경험의 가장 기초가 되는 방식으로, 인류의 기원까지 거슬러 올라간다. 셰헤라자드는 왕에게 이야기를 전달할 때 적용되는 심리적 작용을 매우 섬세하게 활용했다.[1] 무엇보다, 그녀는 샤흐리야르 왕의 악행을 직접 비난하거나 맞서지 않았다. 대신, 셰헤라자드는 심리적 유도psychological judo를 활용했는데, 이는 상대와 맞서 싸우기보다 마주해야 할 것을 그대로 받아들이고 그 흐름에 함께 움직여서, 상대의 방어를 무너뜨리고 자신이 원하는 결과를 만드는 방법이었다.

> 셰에라자드는 심리적 유도를 활용했는데, 이는 상대와 맞서 싸우기보다 마주해야 할 것을 그대로 받아들이고 그 흐름에 함께 움직이는 방법이다.

유도柔道는 일본의 무술로서, 그 단어 자체는 '부드러운 길'을 뜻한다. 유도에서는 상대가 공격할 때, 그 힘을 정면으로 막지 않고 오히려 이용하여 상대의 중심을 무너뜨린다. 유도 선수는 이렇게 상대의 중심이 무너진 순간을 이용해 다음 동작을 유리하게 이끌고, 점수를 낸다. 따라서, 심리적 유도란 상대에게 부드럽게 영향을 미칠 수 있는 좋은 방법이다. 즉, 상대가 자기 생각을 말하도록 이끌거나, 다른 관점을 보게 하거나, 새로운 길을 찾도록 격려하는 데 효과적이다.

탁월한 심리적 유도 선수인 셰헤라자드는 샤흐리야르 왕이 잘못된

1) 이 심리적 작용에 대한 추가 참조: William R. Miller and Stephen Rollnick (2023). *Motivational Interviewing: Helping People Change and Grow*. New York: Guilford.

믿음—불륜을 저지른 아내에 대한 자신의 복수는 정당하다—에 근거한 깊고 강력한 감정적 방어기제를 가지고 있다는 것을 알았다. 왕의 잘못된 신념을 정면에서 반박하는 것은 오히려 그 믿음을 강화해서, 변화를 어렵게 만들 뿐이므로 셰헤라자드는 유도 경기를 하듯이 왕의 저항을 피하지 않고 그 흐름에 따라 움직였다. 적어도 겉으로는 왕의 행동을 판단하지 않는 태도로 왕에게 다가갔다. 셰헤라자드는 직접 대결을 피하는 방식으로 접근했고, 오랜 세월에 걸쳐 축적된 지혜가 들어있는 이야기를 매일 왕에게 들려주었다. 그리고 그 과정을 통해 왕의 적대적 에너지를 서서히 다른 방향으로 돌려놓았다. 동시에, 그녀는 왕을 진정으로 공감하고, 왕이 왜 그런 방식으로 행동하는지 이해하고 있다는 태도를 보여줌으로써 왕의 방어를 무너뜨리기 시작했다.

셰헤라자드의 이야기는 오늘날에도 여전히 유효하다. 여전히 많은 여성이 가부장적 세계에서 살아남기 위해 싸우고 있기 때문이다. 여성은 지금도 스스로 선택할 권리를 얻기 위해 싸워야 하며, 자유와 성, 사랑에 대한 자신의 신념을 지키기 위해 끊임없이 맞서야 한다. 그런 점에서 셰헤라자드가 왕을 다룬 방식은 사람에게 영향을 주고 변화를 끌어내는 효과적 방법이 될 수 있다.

스토리텔링 치료법

셰헤라자드는 스토리텔링을 통해, 왕이 여성의 감정과 사고방식을 이해하도록 만들었다. 기쁨, 슬픔, 두려움, 혐오, 분노, 경멸, 놀람, 수치심, 죄책감 같은 기본 감정을 차례로 다루면서, 마침내 왕을 용서라는 감정으로 이끌었다. 그녀는 용서를 중심 주제로 삼았지만, 그것을 드러내지 않고 여러 이야기 속에 교묘히 숨겨두고, 이야기를 하나씩 풀어내면서 왕이 용서의 의미를 스스로 받아들이도록 이끌었다.

셰헤라자드는 각 이야기 속 교훈을 통해, 왕처럼 잔인하게 행동한 인물이 결국 어떤 파국을 맞게 되는지를 보여주었다. 동시에, 그녀는 왕이 겪은 배신의 상처에 공감하면서, 왕이 여성을 향해 분노를 표출하며 얻는 순간적 만족과 그로 인해 나라 전체에 미치는 장기적 피해 사이의 인과관계를 스스로 보게 하였다. 그 과정을 통해, 셰헤라자드는 왕이 자신의 동기와 행동의 정당성에 스스로 의문을 품게 하면서, 왕의 변화가 시작될 수 있는 여지를 만들었다.

왕의 변화를 더 효과적으로 이끌기 위해, 셰헤라자드는 왕이 스스로 변화할 수 있다는 믿음과 자신감을 느끼도록 만들었다. 심리적 유도라는 개입 방식을 적용한 그녀는, 왕에게 무엇을 해야 하는지 직접 말하지 않았다. 대신, 왕이 자기 자신을 인식하고 이해하도록 이끌었으며, 자신이 무엇을 했는지, 또 어떤 사람인지를 깨닫고, 그 행동에 책임을 지며 해결책을 찾아가는 주체가 될 수 있도록 도왔다.

분명 셰헤라자드는 샤흐리야르 왕을 변화시키는 데 성공했다. 그녀는 삶에 대한 왕의 관점을 바꾸었고, 왕이 잃었던 인간다움을 되찾을 수 있게 했다. 비록 처음에는 목숨을 걸고 왕의 침실에 들어갔지만, 시간이 지나면서 오히려 왕이 그녀의 매력과 지성, 인격에 사로잡히게 되었다.

사람의 변화를 끌어내고자 하는 사람들이 셰헤라자드에게서 배울 수 있는 교훈은 다음과 같다.

- 상대의 행동을 자세히 살펴보고, 그 행동이 어떤 결과를 초래하는지 스스로 보게 한다.
- 상대가 자신의 현재 행동이 정말 옳은지, 스스로 의문을 품게 한다.
- 조용하고 부드러운 태도로 접근하고, 정면으로 맞서거나 논쟁하지 않는다.
- 자신의 관점을 강요하지 않고, 이 길로 가야 한다고 직접 말하고 싶은 충동을 자제한다. 직접적인 조언은 오히려 상대의 저항을 불러일으킬 수 있다.
- 상대의 이야기를 주의 깊게 듣고, 그가 깊이 빠져 있는 문제를 진심으로 공감한다.
- 상대가 느끼는 걱정과 불안의 원인을 이해하고, 그 안에 얽힌 감정을 함께 풀어주어, 변화의 실마리를 찾을 수 있도록 돕는다.
- 상대가 자기 생각을 자유롭게 탐색하고, 더 나은 삶의 방식과 행동 방식을 스스로 찾을 수 있도록 돕는다. 그리고 다양한 실행 계획을 세워나가도록 지지한다.
- 상대를 존중하는 태도로, 그가 여러 다양한 대안을 고려하도록 돕고, 그가 변화를 스스로 감당해 낼 능력을 갖고 있다고 믿고 지지한다.

셰헤라자드의 이야기는 이슬람 문화의 황금기인 8세기에서 14세기 사이를 배경으로 하지만, 오늘날에도 여전히 많은 사람이 변화를 요구하는 삶의 갈림길에 서 있다. 그러나 이미 알고 있듯, 사람의 행동을 바꾸는 일은 절대 쉽지 않다. 다행히 셰헤라자드의 스토리텔링 방식은 심리적 개입의 한 형태로, 일상과 일터에서 변화가 필요한 상황에 적용할 수 있는 접근법이다. 스토리텔링을 섬세하게 활용함으로써, 사람들이 충만한 삶을 사는 것을 가로막는 내적, 외적 장애물을 스스로 인식하도록 도울 수 있다. 또한 심리적 유도—즉, 저항에 맞서기보다 그 흐름을 따라가는 방식—를 활용해, 상대가 자신이 가진 관점과 시선, 나아가 가치관, 우선순위, 관심사, 감정, 기분, 기대, 꿈, 두려움, 불안까지 더 깊게 탐색할 수 있도록 격려할 수 있다. 위협적이지 않은 방식으로, 그들이 자신의 불안과 불안정한 감정을 직면하고, 극복하도록 돕고, 반복되는 문제 행동을 멈출 수 있게 한다. 이 과정이 잘 이루어진다면, 삶의 방식 자체에 대한 변화도 이야기할 수 있다.

스토리텔링을 섬세하게 활용함으로써, 사람들이 충만한 삶을 사는 것을
가로막는 내적, 외적 장애물을 스스로 인식하도록 도울 수 있다.

실제로 셰헤라자드식 개입법은, 이야기의 힘이 어떻게 세상을 바꿀 수 있는지를 잘 보여준다. 극단적인 복수심에 사로잡힌 사람의 마음조차 바꿀 수 있다면, 그 누구의 변화도 가능하지 않겠는가?

4장.

스토리텔링 리더십

누군가를 당신의 뜻에 따르게 하고 싶다면, 먼저 당신이 그의 진정한 친구임을 확신시켜라. 그가 뭐라고 하든, 그의 마음을 사로잡는 따뜻한 말 한마디가 그의 생각을 바꾸는 가장 확실한 방법이다.

– 링컨Abraham Lincoln

그는 메마른 역사와 추악한 기록을 사람들의 마음을 울리고 웃게 만드는 이야기로 바꾸어 놓았다.

– 키플링Rudyard Kipling

두더지는 마치 마법에 걸린 듯 넋을 잃고, 그 풍경에 매료되었다. 그는 어릴 때 신비한 이야기에 홀려 아빠 옆을 졸졸 따라가듯 강가를 따라 총총걸음을 옮겼다. 그러다 지쳐 강둑에 앉았을 때도 강은 여전히 조잘거리며 그에게 이야기를 들려주었다. 땅속 깊은 곳에서 솟아나 끝없는 바다에 이르기까지 청

중에게 들려주는, 세상에서 가장 아름다운 이야기들의 속삭임이었다.[1)]

– 케네스 그레이엄Kenneth Grahame

"또 이걸 반복해야 하나?" 루카스[2)]는 속으로 중얼거렸다. "진짜 정보 과잉이다. 모든 슬라이드마다 빽빽하게 들어찬 글자와 숫자들. 사장은 이걸 우리가 다 소화하길 기대하는 걸까? 자기가 너무 과하게 밀어붙이고 있다는 걸 정말 모르는 건가? 그리고 회의실 안의 다른 사람들을 좀 봐. 에너지가 다 빠져나간 것 같잖아. 대부분 듣지 않고 집중하지도 않는다. 아예 대놓고 눈을 감은 사람도 있네. 이렇게까지 복잡하게, 이렇게까지 힘 빠지게 회사 이야기하는 걸 계속 듣고 있어야 하다니, 시간 낭비도 이런 시간 낭비가 없다."

이 장면이 익숙하게 느껴지지 않는가? 정보가 넘쳐나는 회의가 끝나고 나서 완전히 탈진해 버린 경험이 있는가? 도대체 왜 이렇게까지 해야 하는 것일까? 사람들의 주의를 끌고 몰입하게 만들기 위해 더 좋은 방법은 없는 것일까?

이미 여러 차례 강조했듯이 스토리텔링은 사람들과 소통하고 연결하는 데 있어 가장 강력한 방법의 하나다. "사실만 말해 주면 잊어버릴

1) [역자 주] 1908년 출판된 케네스 그레이엄의 『버드나무에 부는 바람The Wind in the Willow』이라는 고전 소설에서 강가를 처음 본 두더지의 황홀한 감정을 아름답게 묘사한 부분이다. 이 소설은 사람보다 더 사람같은 동물들이 벌이는 기상천외한 모험과 일상을 그리고 있다.
2) 사례에 등장하는 모든 인물은 가상의 인물이다.

수 있지만, 이야기를 들려주면 영원히 기억에 남는다."라는 말은 결코 틀린 말이 아니다. 의도를 가진 스토리텔링은 쇼비즈니스가 아니라 훌륭한 비즈니스 전략이다. 그렇지만 안타깝게도 많은 경영자에게 스토리텔링 능력은 여전히 과소평가되고 있다.

사실만 말해 주면 잊어버릴 수 있지만,
이야기를 들려주면 영원히 기억에 남는다.

이야기를 주고받는 대화는 사람과 사람 사이의 관계가 시작될 수 있는 맥락과 의미, 계기를 만든다. 사람들은 자기가 보고 느끼는 것을 이야기를 통해 상대도 함께 보고 느끼게 만든다. 스토리텔링이 불러일으키는 감정적 연결은 마법처럼 작용해 이야기를 듣는 사람을 이야기 속으로 데려간다. 이러한 경험을 통해 이야기를 듣는 사람은 자신의 삶에 대해 더 깊이 성찰할 수 있는 통찰을 얻기도 한다. 그런데도 많은 사람은 여전히 스토리텔링을 중요한 소통 방식으로 여기지 않는다.

앞서 본 장면으로 돌아가 보면, 루카스의 사장은 이야기를 효과적으로 전달하지 못해서 사람들을 몰입하게 만드는 리더십을 스스로 깎아내리고 말았다. 탁월한 리더는 이야기를 잘 할 줄 안다. 탁월한 리더는 이야기를 통해 사람들의 감정을 움직이고, 조직의 미래를 함께 그려가며, 그 비전을 중심으로 구성원을 하나로 모으는 방법을 안다.

정치든 비즈니스든, 탁월한 스토리텔러인 리더는 언제나 위대한 일을 이루어낸다. 대표적인 인물로 넬슨 만델라Nelson Mandela가 있다. 도저히 풀리지 않을 것 같은 사회 문제를 마주할 때마다 그는 언제나 자신의 개인적 경험을 이야기로 풀며 해법을 찾으려 했다. 그는 스토리텔링의 힘을 빌려 남아프리카공화국을 여러 인종과 문화가 조화롭게 공존하는 무지개 국가rainbow nation[3]로 바꾸기 위해 노력했다. 애플의 스티브 잡스Steve Jobs 역시 스토리텔링의 힘을 탁월하게 활용한 인물이었다. 잡스는 스토리텔링에 대해 이렇게 말했다. "이 세상에서 가장 강한 사람은 스토리텔러다. 스토리텔러는 미래의 방향과 가치, 그리고 주제를 정하기 때문이다."[4] 그는 스토리텔러로서 아이튠즈iTunes, 아이폰iPhones, 아이패드iPad와 같은 혁신적인 제품을 세상에 내놓았다.

스토리텔링은 단순히 말하는 사람과 듣는 사람 사이의 대화처럼 보일 수 있지만, 만델라와 잡스처럼 탁월한 스토리텔러는 사람들의 상상력을 깨우는 힘을 가지고 있다. 루카스의 사장과 달리 탁월한 스토리텔러는 단순한 사실과 수치의 나열은 사람들의 관심을 떨어뜨리지만, 훌륭한 이야기는 사람들을 끌어당기는 힘이 있다는 것을 잘 안다. 우리를 다시 일으켜 세우고, 앞으로 나가게 하고, 도전하게 만드는 것은 결국 이야기다.

그러므로 스토리텔링에 능한 리더가 세상을 움직인다고 말하는 것

3) [역자 주] 1994년 남아프리카공화국에서 첫 민주 선거가 실시된 이후, 데스몬드 투투Desmond Tutu 대주교가 아파르트헤이트Apartheid 이후의 새로운 나라를 표현하기 위해 사용한 용어인데, 넬슨 만델라 대통령이 취임하며 첫 선언문에서 서로 평화롭게 공존하자는 의미로 사용해서 더 유명해졌다.

4) 스티브 잡스가 1994년 넥스트NeXT에서 일할 때 일화에서 인용. (토미 블랙로즈Tommy Blackrose가 편집) Published on Quora. https://www.quora.com/What-are-the-best-stories-about-people-randomly-or-non-randomly-meeting-Steve-Jobs

도 그리 과한 표현은 아니다. 그들은 이야기야말로 소통하는 방법 가운데 가장 강력한 도구라는 사실을 잘 안다. 즉, 이야기를 잘 전달하면 사람들은 세부 사항은 잊더라도 핵심 메시지는 오래 기억한다는 사실을 알고 있다. 스토리텔링 기법은 단연 모든 의사소통의 기본이라 할 수 있다. 좋은 이야기는 오래도록 남는다. 훌륭한 이야기는 복잡하고 숫자에 의존한 파워포인트로는 절대 전달할 수 없는 방식으로 자신이 전달하려는 개념과 메시지를 듣는 이의 기억에 각인시킨다. 실제로 스토리텔링은 듣는 사람의 뇌에 정보를 기억시키는 가장 효과적인 방법이다. 그러므로 리더의 자리에 있으면서도 스토리텔링의 힘을 이해하지 못하거나 활용하지 못하는 사람은 무엇을 시도하든 실패할 위험을 안고 있는 셈이다. 앞서 말했듯이 이야기는 감정을 함께 나누고, 지금 이 순간에 몰입하게 만들며, 공감을 바탕으로 한 행동을 끌어낸다. 또한 이야기를 통한 정서적 연결은 연상적 사고associative thinking도 불러일으킨다. 듣는 사람은 이야기 속 주제를 자신의 삶과 연결 지으며 이야기를 더 깊이 있게 이해하게 된다.

탁월한 리더는 이야기를 잘 할 줄 안다.

스토리텔링은 말하는 사람과 듣는 사람의 뇌를 자극하여, 사람의 감정이 고조된다. 이때 기억할 것은, 감정이란 원래 우리에게 도전적인 상황을 알리기 위한 신호라는 점이다. 그런 의미에서 감정은 일종의 온도조절기처럼 듣는 사람에게 이야기 속 메시지에 귀 기울여야 한

다는 경고 신호를 보낸다. 이처럼 강한 감정 반응은 연상적 사고를 불러일으킨다. 특히 이야기가 강렬할수록 듣는 사람은 그 안에 떠오르는 이미지를 자신의 삶에 비추어 바라보게 된다. 그리고 그 이미지는 결국 자신이 마주한 인생의 딜레마를 어떻게 풀어나갈지에 대한 실마리를 제공한다. 그래서 강렬한 이야기는 강력한 힘을 갖는다. 본질적으로, 스토리텔러가 다양한 인생의 주제를 통해 듣는 사람의 감정을 움직일 수 있다면, 듣는 사람은 이야기 속 어려움을 자신의 삶과 연결지으며 강한 동일시identification를 경험한다.

우리는 모두 각자의 이야기 속에 고스란히 담긴 것처럼, 삶의 의미와 목적을 받아들이려고 애쓰고, 피할 수 없는 모순되고 어려운 현실을 그대로 견디며, 때로는 넘을 수 없을 것 같은 장애물을 극복하려고 씨름한다. 그러나 이런 많은 이야기에는 한 가닥 희망의 빛이 있다. 우리가 올바른 방향으로 걸어간다면 그 터널 끝에서 분명히 빛을 마주할 수 있다. 그리고 인생의 한 갈림길에서 우리는 문득 어떤 깨달음의 순간과 마주하게 된다. 지금 맞닥뜨린 삶의 과제를 어떻게 넘어설지 직감하는 통찰의 순간이다. 자신이 처한 문제를 풀어낼 실마리를 발견하는 결정적인 순간, 마치 마음속에 등불이 켜지듯 "아하!" 또는 "유레카!"라는 외침이 터져 나온다. 바로 이 순간 우리 이야기는 변화를 끌어내는 전환점tipping point을 만든다.

우리를 기쁘게 하고, 마음을 사로잡고, 감동하게 하고, 깨닫게 하고,
영감을 주고, 동기를 불러일으키고, 도전하게 만드는 것,
그것이 바로 이야기다.

스토리텔링을 활용하려는 리더는 자신의 이야기 속에 인간 보편의 주제를 담아낼 때 비로소 진정한 영향력을 발휘할 수 있다. 이러한 주제를 이야기 속에 녹여낼 수 있는 리더는 듣는 사람의 갈망과 두려움, 좌절감에 다가가 그들의 감정에 깊은 영향을 준다. 본질적으로 이야기는 듣는 사람으로 하여금 반복되는 일상에서 벗어나 질문하고 탐색하며 삶의 의미를 스스로 찾아 나서게 만든다. 이야기는 듣는 사람이 시간과 공간, 그리고 상상력의 경계를 초월하게 만든다. 스토리텔링에 담긴 정신 역동 과정을 잘 이해하는 리더는 이야기를 정서적 연결을 만들어내는 강력한 도구로 활용한다. 이야기를 통해 객관적 사실이나 수치만으로는 결코 할 수 없는 방식으로 자기 생각을 듣는 사람의 마음에 깊이 각인시킨다. 그리고 이야기를 충분히 설득력 있게 전달하면, 듣는 사람을 무관심에서 공감으로, 그리고 행동으로까지 이끌 수 있다.

5장.

도움을 요청하는 용기

탐구하고, 또 탐구하고, 계속해서 탐구하라. 끊임없이 질문하는 태도를 다른 사람의 비난이나 아첨 때문에 버리지 말라. 스스로 확신에 빠지지 말고, 다른 사람의 확신도 그대로 받아들이지 마라.

– 랄프 에머슨Ralph Waldo Emerson

모든 민족의 시초에 있는 오래된 신화를 어떻게 잊을 수 있을까. 마지막 결정적 순간에 공주로 변신하는 용의 이야기. 어쩌면 우리 삶 속 모든 '용'은 우리가 언젠가 당당하고 용감해지기를 기다리는 공주일지 모른다. 그리고 어쩌면 우리가 두려워하는 것 역시, 깊이 들여다보면, 우리의 도움을 기다리는 연약한 존재인지도 모른다.

– 릴케Rainer Maria Rilke

우리 삶에서 가장 중요한 목적은 다른 사람을 돕는 것이다. 그리고 만약 다른 사람을 도울 수 없다면, 적어도 해를 끼치지는 말아야 한다.

– 달라이 라마Dalai Lama

이어서 다른 이야기 하나를 더 해보자. 이야기의 주인공은 카를라, 글로벌 화학 기업의 고위 임원이다.

블랙홀에 빠지다

카를라는 깊고 어두운 구멍 속으로 빠져버린 듯한 기분에 사로잡혀 있었다. 지금 상황에서는 그녀에게 아무런 희망도 남아 있지 않은 것 같았다. 해야 할 일은 너무 많았다. 무엇보다도 직장에서 압박감이 그녀를 심하게 짓눌렀다. 회사 사업이 에너지 자원에 크게 의존하는 만큼, 이보다 더 혼란스러운 시기를 맞은 적이 없었다. 이런 비상 상황인데도, 또한 팀원들이 매우 유능하다는 사실을 알고 있는데도, 카를라는 다른 사람에게 좀처럼 도움을 요청하지 못했다. 팀원도 일이 많을 거라고 생각했다. 팀원에게 도움을 요청하는 것을 주저한 이유가 단지 그 때문만인지 모르지만, 카를라는 언제나 "이 정도는 혼자 감당할 수 있어야 한다."라고 생각했다.

직장에서 스트레스를 받는 것도 컸지만, 집에서 감당해야 할 일도 끝이 없었다. 가정생활은 엉망이었다. 아이들은 한창 손이 많이 가는 시기라서 관심을 두고 돌봐야 했다. 아이를 돌보는 일만으로도 엄청난 에너지를 써야 했는데 남편은 별 도움이 되지 않았다. 남편에게 뭔가를 부탁하려면 늘 실랑이를 벌여야 했다. 그래서 사실 남편에게 도와 달라는 부탁을 해본 적도 거의 없었다. 결국 집안일은 늘 그녀 몫이었다. 카를라는 때때로 자신이 너무 많은 공을 공중에 던지고 받으려 애쓰는 서커스 곡예사 같이 느껴졌다.

그런데 이런 식의 삶은 카를라에게 낯설지 않았다. 카를라는 항상 너무 많은 것을 한꺼번에 떠안고 살아왔다. 지금 그녀가 처한 상황은 자연스럽게 어린 시절의 기억을 떠올리게 했다. 그때도 그녀는 늘 모든 것을 감당했다. 어린 시절을 되돌아보면서 종종 이렇게 생각했다. "대체 그땐 누가 어른이었던 걸까? 누가 누구를 돌보고 있었던 걸까?" 너무도 자주 가족을 돌보는 역할을 감당해야 했다. 우울증에 빠져 있던 어머니를 돌보는 일은 언제나 그녀 몫이었다. 아버지는 집에 거의 없었기에 별 도움이 되지 않았다. 그래서 다른 사람을 돌보는 것이 자신의 숙명이라고 생각했다. 어린 시절을 떠올릴 때마다 왜 다른 사람에게 도움을 요청하는 일이 이토록 어려운지 늘 궁금했다. 왜 도움을 요청하는 것이 그녀에게 이렇게 불편한 일이 되었을까?

카를라의 이야기를 들어보면, 그녀가 그런 불편한 감정을 느껴야 할 이유는 전혀 없어 보인다. 인간은 본래 혼자 살아갈 수 없는 존재이며, 서로 도우며 진화해 왔다는 사실을 되새겨야 한다. 호모 사피엔스는 집단을 이루어 살아가며 진화해 왔다. 서로 돕지 않았다면 지금의 인류는 존재할 수 없었을 것이다. 도움을 주고받는 일은 언제나 인간 본연의 모습이었다. 그런데도 카를라처럼 어떤 사람은 자신의 이야기를 좀처럼 꺼내지 못하고, 도움이 필요해도 쉽게 요청하지 못한다. 무언가를 혼자 해낼 수 없다는 것을 알면서도 다른 사람에게 도움을 청하는 것이 어쩐지 불편하다. 그런데 누군가 자신에게 도움을 청하면 이들은 누구보다 기꺼이 발 벗고 나서서 도우려 한다.

카를라의 이야기는 우리에게도 질문을 던진다. 누군가에게 도와달라고 말하는 일이 어렵게 느껴지는가? 무슨 일이든 혼자서 해내려는 편인가? 모든 것이 한계에 다다랐을 때조차 카를라처럼 여전히 다른 사람에게 도움을 요청하기를 주저하는가? 자신이 힘들다고 이야기하는 것조차 어렵게 느껴지는가? 만약 그렇다면 당신은 절대 혼자가 아니라는 사실을 명심하자. 세상에는 당신과 같은 사람이 생각보다 많다. 당신이 망설이는 이유는 무엇인가? 당신을 붙잡고 있는 것은 무엇인가? 당신은 어떤 이야기를 하고 싶은가?

도움을 요청하지 못하는 정신적 장벽

도움을 요청하지 못하는 사람의 심리를 깊이 들여다보면, 그 이면에는 애착attachment 행동, 수치심, 죄책감, 신뢰, 자존심 등과 관련된 여러 가지 복잡한 정신 역동 과정이 작동하고 있는 것을 발견할 수 있다. 이런 과정을 살펴보면, 사람들이 도움을 요청하는 데 주저하는 이유를 설명해 주는 몇 가지 패턴을 볼 수 있다. 이런 패턴은 반드시 한 가지 방식으로만 나타나지 않는다. 여러 패턴이 복합적으로 작용하여 다른 사람에게 도움을 요청하는 일을 더욱 어렵게 만든다. 몇 가지 대표적인 정신적 장벽을 살펴보자.

- **취약해지는 것에 대한 두려움**: 어떤 사람은 남에게 도움을 요청하

는 것이 곧 자신이 약하다는 신호를 보내는 것이라고 생각한다. 그 이면에는 자존감과 관련된 정신 역동이 작용한다. 이들은 다른 사람이 자신을 어떻게 볼지에 지나치게 민감하므로 도움을 요청하는 행위 자체를 매우 부정적으로 받아들인다. 그래서 도움을 요청하려는 순간 "약하다, 무능하다, 실패자다, 뒤처졌다, 패배자처럼 보일 것이다."라는 생각이 밀려든다. 게다가 도움을 구한다는 생각만으로도 수치심이 올라오고, 마치 자신이 벌거벗은 채 고스란히 드러나는 듯한 느낌에 사로잡힌다.

이런 사람은 대개 자신의 취약함을 다른 사람에게 들킬까 봐 두려워서 누군가와 가까워지는 것 자체에 불편함을 느낀다. 도움을 요청한다는 것은 결국 상대방과 정서적으로 가까워지는 것을 의미하기 때문이다. 이 모든 과정은 이들에게 불안과 불편함을 초래한다. 그리고 이런 불안감을 느끼고 있는 사람들은 누군가와 너무 가까워지면 자신의 진짜 모습이 드러날지 모른다는 두려움을 갖고 있다. 상대가 자신이 애써 만들어온 겉모습 뒤에 숨겨진 취약한 모습을 곧 보게 될지도 모른다고 생각한다.

- **혼자 해야 한다는 강박**: 이 유형의 사람은 스스로 해내는 것, 자급자족하는 것을 무엇보다 우선으로 여긴다. 다른 사람에게 도움을 요청한다는 것은 마치 도움을 구걸하는 일로 느껴진다. 이런 삶의 관점이 뿌리 깊게 자리 잡고 있기 때문에, 이들은 무슨 일이든 스스로 해낼 수 있어야 한다고 굳게 믿는다. 아무런 근거 없이, 어떤 상황이든 혼자서 감당할 수 있어야 한다고 생각한다. 이들에게 스

스로 해내는 능력은 자기 이미지의 핵심적인 부분이다. 그리고 어쩌면 이러한 태도는 가정환경이나 문화적 배경 속에서 독립이라는 가치가 어릴 때부터 내면화된hardwired 결과일지도 모른다. 이들 중에는 "나는 누구의 도움도 필요 없이 혼자서 다 할 수 있어."라는 생각을 끊임없이 되뇌며 살아가는 사람도 있다. 이들이 마치 모든 것을 혼자 다 해낼 수 있는 초능력자처럼 행동하며 '외로운 해결사lone ranger' 역할을 자처하는 것도 당연하다. 그렇지만 이런 "혼자 다 해내야 한다."라는 태도는 협력과 팀워크가 중요한 조직이나 가족 안에서는 오히려 걸림돌이 된다. 함께 협력하고 서로 의지해야만 해결되는 일이 있기 때문이다.

- **통제력을 잃는 것에 대한 두려움**: 어떤 사람은 다른 사람에게 빚을 지게 될까 봐 두려워서 도움을 요청하지 않는다. 다른 사람이 자신을 돕는다는 것은 곧 자신이 통제력을 잃는 것과 같다고 느낀다. 남에게 무언가를 빚진다는 것은 남을 의존하고 자율성을 잃는 기분이 든다. 이런 감정은 참기 어렵다. 게다가 도움을 받으면 언젠가는 그에 상응하는 보답을 해야 한다는 생각에 사로잡혀, "내가 정말 도와줄 수 있을까? 아니, 내가 그걸 원하기는 할까?"라는 고민에 빠지기도 한다. 결국 통제력을 잃는 것에 대한 불안감의 이면에는 남에게 빚을 지게 될지도 모른다는 두려움이 있다. 남에게 도움을 청하는 순간, 상호 관계에서 힘의 균형이 무너질까 봐 두려워한다. 도움을 받게 되면, 그 대가로 상대가 자신을 마음대로 부릴까 봐 두려워한다. 결국 자존심 때문에 차라리 고통을 혼

자 감내할지언정 누군가에게 손을 내밀지 못한다. 그런데 이런 태도 뒤에는 신뢰의 어려움도 있다. 다른 사람을 신뢰하지 못하는 사람은 설령 상대가 아무런 악의 없이 진심으로 도우려 해도 자신의 상황을 그에게 맡기는 것 자체를 꺼린다. 다시 말해 이들에게는 누구를 믿는다는 것은 곧 자신의 통제권을 내려놓는 일과 다르지 않다.

- **거절에 대한 두려움**: 어떤 사람은 남에게 무언가를 부탁할 때 거절당할 가능성을 지나치게 크게 보기 때문에 도움을 요청하는 것을 두려워한다. 그들은 누군가에게 "안 돼요."라는 말을 들을까 봐 두렵다. 무엇을 요청하든 결국 거절당할 거라는 생각에 갇혀 있다. 사실 도움을 요청하지 않는 이면에는 수치심이나 조롱, 오해 받을 것을 두려워하는 마음이 깔려 있다. 이들에게는 거절당하는 일이 (적어도 상징적으로) 곧 자기 존재 그 자체whole being를 부정당하는 것, 자신에 대한 공격으로 느껴진다. 그러니 거절당한다는 생각 자체가 치명적으로 다가오는 것도 무리는 아니다. 안타깝게도 이들은 상대가 단지 타이밍이나 상황 때문에 도움을 주지 못했을 수도 있다는 사실을 잘 인식하지 못한다. 그 부탁을 거절한 사람이 나중에는 기꺼이 도와줄 수 있는 사람이 될 수 있다. 그저 그때만 하필 여건이 맞지 않았던 것일 수도 있다. 물론 이런 거절에 대한 두려움은 과거의 상처에서 비롯된 경우가 있다. 그러나 과거에 그랬다고 해서 앞으로도 같은 일이 반복되리라는 보장은 없다. 그러나 이들은 과거 경험 때문에 결국 또 거절당할 것이라 믿는다.

- **지나친 공감의 위험**: 지나치게 공감적인 사람은 단지 상대의 감정을 잘 느끼는 것에 그치지 않고, 그들의 걱정을 덜어주는 일까지 자신의 책임으로 떠안는다. 이들은 누군가를 보살펴야만 자신이 사랑받을 수 있다고 믿으며, 자신보다 남을 '항상' 먼저 챙겨야 한다고 생각한다. 겉으로 보기에는 나쁠 것 없어 보이지만 이들은 자신의 욕구를 숨기고 제대로 돌보지 않는다. 자기 자신을 챙기는 데 너무 서툴다. 누군가에게 시간이나 에너지를 써달라고 요청하거나 호의를 부탁하는 것을 스스로 민폐로 여기며, 상대에게 부담을 주는 사람으로 보일까 늘 두려워한다. 기본적으로 자신이 당연히 도움을 받을 자격이 있다거나 이기적인 사람으로 보이는 것을 두려워한다. 엄밀히 말하면, 자신이 누군가에게 뭔가를 부탁할 만한 자격을 제대로 갖춰본 적이 없다고 믿는다. 게다가 다른 사람은 자신의 문제를 들어줄만큼 한가하지 않고, 그럴 여유도 없다고 굳게 믿는다. 분명 이들의 내면에는 자신의 욕구와 다른 사람의 욕구 사이에서 커다란 인지 부조화cognitive dissonance가 존재한다.
- **피해의식**: 어떤 사람은 "나는 도움 받을 자격이 없어. 난 그런 가치가 없는 사람이야."라는 생각을 마치 삶의 좌우명처럼 붙들고 살기 때문에 다른 사람에게 도움을 요청하지 않는다. 늘 "나는 불쌍해." 라는 시선으로 자신의 삶을 바라본다. 모든 일을 혼자 감당해야 하는 것이 자신에게 주어진 숙명이라고 믿는다. 삶은 곧 자기희생이며 순교라고 여긴다. 마치 고난을 감내하는 것이 자신의 운명이라고 믿는 듯하다. 이런 피해의식victim mentality 때문에 누구에게도 도

움을 요청하지 못한다. 어떻게 보면 이들은 자기 자신을 스스로 무너뜨리는 길로 가는 셈이다. 이들의 내면에는 끊임없이 "너는 부족해."라는 목소리가 울린다. 이들에게는 다른 사람에게 손을 내미는 것 자체가 가능하지 않은 일이다. 그렇지만 자기연민self-pity 속에 빠져 있다고 해서 상황이 나아지지는 않는다. 다른 사람에게 도움을 요청하지 않으므로 그들의 문제는 점점 더 악화한다.

자기 이해의 부족

분명 지금까지 살펴본 정신적 장벽들 가운데 상당수는 자존감 문제와 깊이 연결되어 있다. 이러한 장벽을 지닌 사람은 자신을 늘 부정적이고 비판적인 시선으로 바라보며, 스스로에게 지나치게 엄격하다. 그들은 자신이 다른 사람의 시간과 에너지를 쓸 자격조차 없는 사람이라고 생각한다. 그러니 자신의 욕구는 뒤로 미루거나 무시하고, 다른 사람이 원하는 것을 먼저 챙기는 것이 그들에게 너무 당연하다. 그러므로 자신이 힘들다는 이야기조차 할 수 없다. 심지어 도움을 요청하는 것이 자신이 열등하다는 사실을 입증하는 것처럼 느낀다. 그리고 자기 자신에 대한 이해가 부족하므로, 그런 행동이 결국 자신을 무너뜨리고 있다는 사실조차 알아차리지 못한다. 실제로 많은 사람은 자기관리self-management, 곧 다른 사람과 관계 속에서 자신을 다루고 돌보는 방법을 제대로 이해하지 못한다. 자기 삶을 더 나은 방향으로 이끌기 위해 다른 사람에게 무엇을 요청해야 하고, 상대가 어떤 도움을 줄 수 있는지 명확히 알지 못한다. 결국 자신이 무엇 때문에 힘들어하고 있는지를 제대로 인식하지 못하는 한, 자신이 진정 원하는 것을 분명하게 표현하지 못한 채 겉으로만 강한 척하는 잘못된 독립심에 집착하게 된다.

물론 독립적으로 산다는 것이 잘못된 일은 아니다. 스스로 결정을 내리는 것도 전혀 나쁜 일이 아니다. 그렇지만 우리의 삶이 서로 얽히고 연결된 관계 속에 놓여 있다는 사실을 잊지 말아야 한다. 앞서 언급했듯이, 협업은 인간을 인간답게 만드는 중요한 요소이며, 사회를 움직이는 원리이기도 하다. 그리고 이 말은 곧 혼자 감당하기 어려운 때에는 도움을 요청할 줄 알아야 한다는 뜻이다. 말하지 않아도 상대가 당신의 속마음을 알아주길 바라서는 안 된다. 대신 도움을 기꺼이 받고 감사할 마음이 있음을 분명히 해야 한다. 지나치게 독립적인 태도를 보이면, 정작 도움이 필요한 때조차도 당신은 도움 따윈 필요 없는 사람처럼 보인다.

협업은 인간을 인간답게 만드는 중요한 요소다.

결국 진짜 중요한 질문은 이것이다. 당신은 정말 '외로운 늑대lone wolf'[1]처럼 살고 싶은가? 과연 그렇게 살아도 충만한 삶이 가능하다고

1) [역자 주] 무리에서 따로 떨어져 홀로 행동하는 늑대를 가리키는 용어로, 주로 젊은 수컷과 권력을 다투다 무리에서 방출된 늑대를 말한다. 심리학에서는 집단으로 살아가지 않고 홀로 살아가는 사람을 의미하고, 문학작품에서는 다른 등장인물과 상호 작용하는 것을 감정적으로 거부하거나 내키지 않는 인물로 종종 묘사된다.

믿는가? 오히려 도움을 요청하는 것이 부끄러운 일이 아니라는 사실을 받아들일 준비가 되어 있는가? 자신을 고립된 섬처럼 여기며 살아가는 것이 해결책이 아니라는 것을 이제 깨달았는가? 어쩌면 사람들과 어울려 사는 편이 훨씬 더 나은 것이 아닐까? 자신의 힘만으로는 감당할 수 없다는 사실을 인정해야 하는 때가 있다. 바로 그럴 때야 말로 기꺼이 도움을 요청할 줄 알아야 한다. 그런 순간은 누구에게나 찾아온다. 그렇지만 카를라의 사례에서 보듯이, 과거 경험 때문에 도움을 요청하는 일이 어려울 수 있다. 늘 혼자 감당해야 한다는 사고방식에 깊게 사로잡힌 사람이 다른 사람에게 도움을 요청하는 일은 절대 쉽지 않다. 그렇지만 이 어두운 굴에서 벗어나기 위해서는 스스로 노력해야 한다. 카를라에게 지금 필요한 것은 자신의 이야기를 깊이 들여다보고, 그 이야기를 새롭게 구성해 나가는 법을 배우는 일이다. 그리고 이 말은 도움을 요청하는 데 서툰 모든 사람에게 해당된다.

닫힌 마음의 근원

그렇다면 왜 당신은 이 어두운 굴에 갇혀 도움을 요청하지 못하고 있는가? 이 어두운 굴은 종종 무조건적인 사랑과 지지를 주지 못했거나, 주기를 꺼렸던 부모에 의해 만들어진다. 많은 경우 방임이나 학대 같은 유년기의 부정적 경험이 누군가에게 도움을 구하는 것을 주저하게 만드는 근본적 원인이 된다. 특히 학대는 아이의 자존감을 철저히 무너뜨리는 데 치명적인 역할을 한다. 학대를 받은 아이는 자기제한적 신념self-limiting belief을 갖게 되고, 심지어 자신이 '나쁜 아이'라고 여기기도 한다. 그래서 자신이 고통받는 것을 당연하다고 느끼고, 도움을 요청할 자격조차 없다고 믿는다. 그 결과 이들은 생존 전략으로 두 가지 방식 가운데 하나를 택한다. 누군가와 관계를 유지하기 위해 상대의 기분을 맞추려 하거나, 반대로 자신의 존재를 숨기듯 아무런 요구도 하지 않는다. 그렇지만 이들도 일단 어린 시절 자신에게 일어난 일을 이해하게 되면, 삶의 어느 시점에서든 오랫동안 따라온 그 각본script을 다시 새롭게 쓸 수 있다.

내면 극장[2]의 각본을 다시 쓰기

자기 이야기를 새롭게 쓰지 못한다면, 카를라 같은 사람은 삶을 더 복잡하게 만들 수밖에 없다. 인간의 발전은 늘 주고받음 속에서 이루어졌다. 따라서 관계에서 상호성이 결여되면 삶이 좀처럼 앞으로 나아가기 어렵다. 그렇다면 도움을 요청하지 못하는 사람을 어떻게 도와야 할까? 어떻게 하면 이들이 스스로 손을 내밀게 할 수 있을까? 이런 상황에 놓인 사람이 시도해 볼 수 있는 몇 가지 방법이 있다.

2) [역자 주] 내면 극장inner theater: 맨프레드 교수가 어린 시절 경험과 주양육자와의 관계에서 형성된 무의식적 인생 각본과 정신 역동 패턴이 성인기의 사고·감정·행동, 특히 리더십 스타일에 지속해서 영향을 미치는 현상을 은유적으로 표현한 개념이다.

- **SMART하게 요청한다**: 가장 먼저 시도해 볼 수 있는 방법은 SMART하게 요청하는 것이다. SMART는 구체적specific, 측정 가능measurable, 달성 가능achievable, 관련성 있음relevant, 기한이 정해짐 time-bound, 다섯 가지 요소의 영어 첫 글자를 딴 약어이다.

즉, 도움을 요청할 때는 이 다섯 가지 요소를 염두에 두어야 한다. 우선 왜 도움이 필요한지, 무엇을 하려는지 구체적으로 설명하고, 요청한 내용이 진척 상황을 확인할 수 있을 만큼 명확한지, 그리고 상대가 실제로 해줄 수 있는 일인지도 점검해야 한다. 또한 상대의 도움이 필요한 상황인지 따져볼 필요가 있다. 마지막으로 언제까지 이 일이 이루어져야 하는지 기한을 분명히 제시한다. SMART 요청을 생각할 때 스스로 이런 질문을 해보자. 내가 주저하는 이유는 무엇인가? 혹시 어떻게 말해야 할지 몰라서 망설이고 있는 것인가? 도와달라는 대화를 어떻게 시작해야 할지 몰라서인가? 혹은 누구에게 도움을 요청해야 할지 몰라서 그런 건 아닐까? 하지만 용기를 내어 도움을 요청하려 한다면, 과연 누가 필요한 기술이나 지식, 경험을 갖추고 있는지, 그리고 누가 내 요청에 가장 긍정적으로 반응할 가능성이 있는지 판단해 보자.

그런 맥락에서 예전에 당신에게 도움을 주겠다고 했던 사람을 떠올려보는 것도 좋다. 그때 혹시 상대가 도우려는 마음을 내비쳤지만, 당신이 그 손길을 받아들이지 못했을 수 있다. 또 한 가지 기억할 것은 도움을 요청하는 타이밍도 중요하다는 점이다. 도움을 요청할 때는 상대가 그 요청을 충분히 생각할 수 있게 여유를 주는 것이 좋다. 상대가 이미 지쳐 있거나 기분이 좋지 않은 상태에서 부탁하는 건 사려 깊지 않다. 그리고 상대가 기꺼이 도와줄 수 있도록 분위기를 만드는 전략은, 도와달라는 요청을 거래처럼 꺼내기보다 대화로 시작하는 것이다. 다시 말해 상대에게 자신이 필요한 것을 이야기하며, 서로 함께 무엇을 할 수 있을지 고민하는 과정이야 말로 도움을 자연스럽게 끌어내는 방법이다. 이런 방식은 더 정중하고 배려 있는 태도로 도움을 요청하는 것일 뿐 아니라, 도움을 주는 사람과 더 깊은 관계를 맺는 계기가 되고, 서로에게 배움의 기회가 될 수 있다.

- **다른 관점으로 다시 본다**reframe: 도움을 청하는 것이 어렵게 느껴진다면, 지금 자신에게 왜 도움이 필요한지를 다른 관점에서 들여다보자. 도움을 요청하는 것을 계속 약점으로 생각한다면, 당신은 이미 실패할 수 밖에 없는 길로 들어서는 것이다. 지금, 이 상황을 나와 상대 모두에게 도움이 되는win-win 기회로 만들어야 한다.

예를 들어 자신에게 이렇게 질문해 보자. “만약 내가 도움을 요청하지 않는다면, 어떤 일이 일어날 것인가?” 최악의 상황을 떠올려보고, 그 결과가 다른 사람에게 어떤 영향을 미치거나, 혹은 더 큰 위기가 초래될 수 있는지 생각해 보자. 그렇게 보면 도움을 요청하는 것은 당신에게 주어진 정당한 권리이고, 누군가에게 부담을 주는 일이 아니라는 사실을 받아들이게 될 것이다. 오히려 지금 도움을 요청하는 것이 모두를 살리는 길이 될 수 있다. 물론 그렇게 하려면 나는 강하고 혼자 다 할 수 있다는 허울을 벗고, 그 자리를 평범한 인간이 가진 힘으로 채워야 한다. 그리고 혹시 도와달라는 요청이 거절되더라도 그 이유가 꼭 당신 때문은 아닐 수 있다는 점을 잊지 말자. 중요한 건 그런 거절이 있더라도 자신의 존재에 대한 부정으로 받아들이지 않는 것이다. 왜 그런 일이 일어났는지 성찰하고, 그 경험을 배움의 기회로 삼으면 된다. 대부분은 상대가 도울 수 없는 상황이라면, 그 이유를 말해주거나 다른 방식의 도움을 제시해 줄 것이다. 단지 시기적으로 좋지 않았거나, 상대가 도와줄 여력이나 해답, 혹은 도움에 필요한 자원을 갖지 못했을 수 있다. 결국 도움을 요청한다는 것은 모든 일이 언제나 자기 뜻대로 되지 않을 수 있다는 사실을 받아들이는 일이기도 하다. 상대도 자신의 일정과 시간 제약이 있기 때문이다. 이렇게 성찰하는 태도를 갖게 되면 앞으로 더 현명하게 도움을 요청할 수 있다. 예를 들어 상대가 준비할 수 있도록 더 여유를 주거나, 누구에게 도움을 요청할지 더 신중하게 생각해 보게 된다. 어쩌면 원래 하려던 요청 자체를 바꿀 수도 있다.

도움을 요청하는 것을 계속 약점으로 생각한다면,
당신은 이미 실패할 수밖에 없는 길로 들어서는 것이다.

- **소통하고, 또 소통하고, 그리고 다시 소통한다**: 만약 당신이 도움을 요청하는 일이 어렵다고 느끼고 있다면, 어쩌면 이미 무척 외로운 상태로 지내고 있을 것이다. 당신이 스스로 다른 사람들과

점점 거리를 두기 시작하면서 사람들은 당신을 제대로 알 기회를 얻지 못했다. 그러니 지나치게 큰 압박감을 느낀다면, 지금 자신이 어떤 상황에 부닥쳐 있는지, 어떤 도움을 받고 싶은지 솔직하게 이야기하려고 노력해야 한다. 상대가 당신 마음을 알아채 주길 바라기만 해서는 안 된다. 당신이 솔직하게 털어놓지 않으면서, 다른 사람이 당신의 마음을 알아채고 도와주길 바란다면 그 결과는 뻔하다. 다시 말하지만, 상대방은 당신의 속마음을 꿰뚫어볼 수 있는 사람이 아니다. 그러니 애매하게 돌려서 말하지 말자. 속으로만 도움을 갈망하지 말자. 당신은 그들이 당신을 외면했다고 탓할지 모르지만, 실제로는 당신이 어려움에 부닥쳐 있다는 것을 충분히 인지하지 못했을 수 있다. 그러니 넌지시 눈치만 주며, 누군가 먼저 와서 도와주길 기다리지 말자. 에둘러 말하지 말고, 무엇이 필요하고 왜 필요한지 명확하게 이야기하자. 상대가 도와줄 수 있을지 쉽게 판단할 수 있도록 요청하고, 내가 바라는 건 단순한 호의가 아니라, 함께 해결하자는 의지라는 점을 분명히 하자. 상대에게 도움을 강요할 수는 없지만, 필요할 때 도움을 요청하는 것은 정당하다. 물론 자신의 필요와 기대를 솔직히 전달하기로 마음먹었다면, 상대를 신뢰하고 있다는 뜻이기도 하다. 상대의 선의를 받아들이고, 그들이 도움을 줄 수 있는지 없는지를 솔직히 말해줄 것이라고 믿어보자. 그리고 도움을 요청할 때는 상대가 거절할 수 있는 여지를 남겨 두는 것도 중요하다. 상대가 어떤 이유로든 거절할 때 부담을 느끼지 않도록 하자. 다시 말해, 도움을 요청할 때는 상대가 부담 없이 거절할 수 있도록 배려하자.

속으로만 도움을 갈망하지 말자.

- **연습, 또 연습, 그리고 다시 연습한다**: 도움을 요청하고 받아들이는 연습을 해보자. 처음엔 어색하고 불편하지만, 살아가는 데 꼭 필요한 기술이다. 다른 기술과 마찬가지로, 도움을 요청하는 일도 자꾸 해 보면 점점 더 수월해 진다. 도움을 요청할 때 자신이 어떤 감정을 느끼는지 스스로 관찰하자. 그 과정 자체가 흥미로운 학습 과정이 될 수 있다. 혹시 부정적인 감정이 올라오더라도 용기를 내어 말해보자. 물론 처음에는 가족이나 믿을 수 있는 동료처럼, 가장 편안한 사람에게 도움을 요청해 보는 것이 좋다. 그리고 조금 익숙해지면, 이제 덜 가까운 사람에게도 연습해 보자. 이런 연습을 통해, 인간은 서로 연결되도록 설계된 사회적 존재이며, 본래부터 서로 도우며 살아가도록 '설정되어programmed' 있다는 사실을 기억하자. 누군가 당신의 요청에 응해 도와 주기로 했다면, 감사한 마음으로 그 도움을 받아들이는 것도 중요하다. 그리고 그가 돕기로 하였다면 주도권을 그에게 넘기고 그의 방식에 맡겨보자. 물론 도움을 받은 뒤에는 반드시 감사 인사를 전하고, 그로 인해 당신의 감사가 그 사람에게 어떤 기분을 느끼게 했는지 잠시 되돌아보자.
- **코치나 심리상담사를 찾는다**: 여전히 도움을 요청하는 일이 어렵

게 느껴진다면, "고민을 나누면 반이 된다."라는 격언을 되새길 필요가 있다. 만약 누군가에게 도움을 요청하는 순간에 감정이 과하게 반응한다면, 전문적인 심리 상담을 받는 것도 방법이다. 코치나 심리상담사는 이러한 문제를 보다 명확히 바라볼 수 있도록 도와준다. 그들은 당신을 주저하게 만드는 내면의 문제를 하나씩 풀어내도록 이끌어주고, 지금까지 이어온 당신의 이야기를 새롭게 쓰는 것을 도와줄 수 있다. 물론 이런 전문가를 만나겠다고 결심하는 것 자체가 쉬운 일은 아니므로, 실행에 옮기기 위해서는 때로 친구나 가족의 도움이 필요하다. 도움을 잘 요청하지 못하는 사람에게는, 코치나 심리상담사와 상담을 예약하는 일도 큰 도전이다. 그렇지만 일단 상담을 받기로 결심했다면, 그것은 단순히 그들의 호의를 구하는 것이 아니라, 그들의 시간과 전문성에 정당한 대가를 지급한다는 점을 명심하자. 이 사실을 떠올리는 것만으로도, 그 첫걸음을 내딛는 일이 덜 두렵게 느껴진다. 그리고 일단 상담이나 코칭이라는 관계 안에서 지지 받고 응원 받는 경험을 해보면, 도움을 받는다는 것이 얼마나 따뜻하고, 위안이 되는지 몸소 느끼게 될 것이다. 그때부터 당신이 만나는 전문가는 당신이 삶의 여러 영역에서 원하는 것을 자연스럽게 표현하고 채워갈 수 있도록 자신감을 키워주는 든든한 동반자가 될 것이다.

도움을 요청한다는 것

도움을 요청하는 일이 약함의 증거가 아니라는 것을 잊지 말자. 오히려 그것은 당신이 할 수 있는 가장 용기 있는 행동이다. 자신을 외딴섬처럼 고립시키려는 시도는 결코 해답이 아니다. 오히려 도움을 요청하는 일은 다른 사람과 연결되어 인간다운 삶에 동참하는 방법이다. 도움을 요청한다는 것은, 다른 사람을 신뢰하는 것이고, 동시에 그들 또한 당신을 신뢰하게 만든다. 도움을 요청하는 것은 약함을 드러내는 것이 아니라, 다른 사람이 당신과 관계를 맺을 기회를 만드는 것이다. 도움을 주는 사람과 관계가 더 단단해질 수 있다. 자기 이야기를 솔직하게 털어놓는 것만으로도, 당신 역시 다른 사람과 마찬가지로 완벽하지 않은 존재임을 드러내는 것이다. 그리고 그렇게 자신의 취약함을 인정하고 드러내면, 다른 사람이 당신에게 다가올 수 있는 문이 열리고, 그 문을 통해 서로 깊이 연결되는 강한 유대감이 생긴다. 또한 당신이 취약함을 솔직하게 드러내고, 그것을 극복하기 위해 도움을 요청하는 모습을 보일 때, 사람들은 당신을 더 온전한 존재로 볼 것이다.

도움을 요청하는 것은 약함을 드러내는 것이 아니라,

다른 사람이 당신과 관계를 맺을 기회를 만드는 것이다.

당신이 도움을 받는 것은 사회적 연결의 계기가 된다. 당신이 자신

의 이야기를 하면, 다른 사람은 당신에 대해 더 많이 알게 되고, 당신 역시 그를 더 잘 이해하게 된다. 도움을 요청하는 과정을 통해, 당신은 그의 강점과 열정을 이해하게 되고, 그를 더 깊이 알게 된다. 역설적으로, 누군가에게 도움이나 조언을 구하는 일은 오히려 당신을 더 똑똑하고, 자신감 있으며, 유능한 사람으로 보이게 한다. 도움을 요청하는 법을 배우는 것만으로도, 당신과 상대방 모두가 함께 성장하고 배울 수 있다. 따라서 정작 도움이 필요한데도 요청하지 않는다는 것은, 누군가 성장할 기회를 빼앗는 것이기도 하다.

누군가에게 도움을 요청하는 것은, 그에게 당신을 도울 기회를 주는 일이며, 그것이 오히려 그를 기쁘게 해준다. 그에게 무언가를 베풀 기회를 주면, 그는 자신을 더 나은 사람으로 느끼게 된다. 가장 행복한 사람은, 다른 사람에게 가장 많이 베푸는 사람이다. 그러므로 다른 사람을 돕는다는 것은 결국 자기 자신을 위한 일이기도 하다. 당신이 도움을 요청할 때, 상대는 무언가를 주는 기쁨을 경험할 수 있다. 그들은 자신의 능력과 재능을 나눌 기회를 얻는 것이다. 당신은 그의 가치가 드러날 기회를 만들어 주는 것이다. 도움을 요청하는 것은 단지 자신만을 위한 것이 아니다. 당신이 성장하면서, 다른 사람이 함께 성장할 수 있도록 돕는 것이다. 그리고 어떤 주제에 대해 자신보다 더 잘 아는 사람에게 배우는 것은, 당신이 배우려는 의지가 있음을 잘 보여준다.

당신이 도움을 받는 것은 사회적 연결의 계기가 된다.

당신이 자신의 이야기를 하면,

다른 사람은 당신에 대해 더 많이 알게 되고,

당신 역시 그를 더 잘 이해하게 된다.

게다가 도움을 받을 수 있게 되면 자신을 돌볼 여유가 생긴다. 좋아하는 일에 시간을 더 쏟을 수 있고, 삶에서 진정으로 중요한 것에 마음을 기울일 수 있다. 그렇게 자신과 더 조화를 이루며 살면 정신 건강에도 긍정적인 영향을 준다.

그러니 제때 도움을 요청하지 않는 실수를 더는 범하지 말자. 언제 도움이 필요한지 알아차리는 것이 진짜 지혜다. 삶에서 가장 안타까운 일은 도움이 필요할 때 도움을 구하지 못하는 것이다. 울타리 위의 거북이 이야기가 생각난다. 만약 울타리 기둥 위에 거북이가 올라가 있다면, 그건 스스로 올라간 것이 아니다. 거기에 오르기까지 누군가의 도움이 있었다는 뜻이다. 그러니 이제 주저하지 말고, 당신의 이야기를 다시 써 내려가자. 당신의 취약함을 드러내는 용기를 내자.

6장.

황금 애벌레 증후군

좋은 사람이란 어떤 사람이어야 하는지에 대해 더 말하지 말고, 먼저 그런 사람이 돼라. – 마르쿠스 아우렐리우스Marcus Aurelius

오랫동안 육지를 등지고 항해를 하기로 결심한 사람만이 새로운 땅을 발견할 수 있다. – 앙드레 지드Andre Gide

남을 아는 자는 지혜롭고, 자신을 아는 자는 깨달음을 얻는다.

– 노자老子, 『도덕경道德經』

눈앞의 승리를 놓치다

도대체 왜 스티븐은 제자리걸음을 반복하고 있었을까? 그의 학력은 상당히 우수했다. 명문 대학을 졸업하고, 세계적으로 인정받는 경영대학원에서 MBA까지 마쳤다. 이런 우수한 출신학교 덕분에 그는 일류 글로벌 금융사에 입사할 수 있었다.

스티븐은 입사 초반에는 잘하는 것 같았지만, 그런 상황은 오래 가지 못했다. 몇 차례 잘못된 판단으로 인해 상사들은 스티븐의 역량을 더는 신뢰하지 않게 되었고, 그는 조직에서 더 성장하지 못하고 일종의 짐과 같은 존재가 되고 말았다. 스티븐은 회사를 옮겨 새롭게 시작하기로 결심했다. 그렇지만 안타깝게도 새로 옮긴 회사에서도 같은 일이 반복되었다. 좋은 출발을 한 지 얼마 되지 않아 다시 자기 경력을 망치는 일이 발생하기 시작했다. 스티븐은 마치 자신에게 주어진 기회를 스스로 망치는 데 익숙한 사람처럼 보였다.

도대체 무엇이 스티븐의 잠재력을 가로막는 것일까? 왜 스스로 자신을 무너뜨리는 행동을 반복하는 것일까? 그의 이야기 속에 어떤 다른 이야기가 숨어 있는 것일까?

이러한 질문은 쉽게 답할 수는 없지만, 적어도 다양한 정신 역동이 작용한다는 것은 알 수 있다. 스티븐의 이야기를 보면 그가 황금 애벌레golden larva 유형의 행동을 하고 있다고 말할 수 있다. 겉보기에는 매우 유망하고, 실제로 초기에는 성과가 뛰어나지만, 결국 제자리에 머물거나, 더 나아가 초기에 이룬 좋은 성과를 스스로 무너뜨리고 만다. 애벌레가 나비가 되듯, 스티븐처럼 재능 있는 사람은 남들보다 빠르게 성장하고 자신의 삶에서 성공적인 결과를 만들어갈 것으로 기대된다. 그렇지만 어떤 이유에서 인가 애벌레 단계에 머무르며, 끝내 나비가 되지 못하고, 날개를 펼치지 못한다.

역사 속에는 스티븐처럼 젊은 시절에는 뛰어난 재능을 보였지만, 성인이 되어서는 더 크고 나은 길로 나아가지 못한 사람이 무수히 많다. 반대로 어린 시절에는 별것 없던 사람이 성인이 되어 눈부신 경력을 만들어가는 경우도 있다. 그렇다면 무엇이 그 차이를 만드는 것일까? 왜 어떤 애벌레는 끝내 나비가 되지 못하고, 영원히 황금 애벌레로 남게 되는 것일까?

실제로 처음부터 완벽한 재능을 타고나는 사람은 없다. 차이를 만드는 것은 결국 각자에게 주어진 기회를 얼마나 잘 활용하느냐에 달려 있다. 우리 모두가 많은 내적 잠재력이 있지만, 모든 사람이 그 재능을 잘 펼치는 것은 아니다. 자신의 능력과 성향, 선호를 얼마나 잘 활용할 수 있는가는 개인의 성장 과정에 많이 좌우된다. 많은 사람의 삶을 돌아보면, 타고난 재능 그 자체보다 더 결정적인 것은 그들이 어떤 환경에서 태어나고, 성장 과정에서 어떤 경험을 했는가이다. 어린 시절의 경험이 자신의 타고난 재능과 자질을 얼마나 잘 발휘하고 발전시켜 나갈 수 있는지를 결정한다. 어린 시절의 경험을 들여다보면, 왜 어떤 사람은 자신의 잠재력을 자연스럽게 발휘하는 반면, 어떤 사람은 끝내 발휘하지 못하게 되었는지 이해할 수 있다. 자기 실현을 어떻게 할지 잘 아는 사람이 있지만, 과거의 그림자에 사로잡혀 자기 잠재력을 꺼내보지 못하는 사람도 있다.

우리 모두가 많은 내적 잠재력이 있지만,
모든 사람이 그 재능을 잘 펼치는 것은 아니다.

심리학자 매슬로Abraham Maslow는 인간에게 자신이 될 수 있는 최고의 존재가 되려는 자기 실현self-actualization의 욕구가 있다고 주장했다.[1] 자기 실현이라는 용어는 매슬로가 처음 사용한 용어로, 개인이 의미 있는 목표를 추구하려고 자신의 능력과 자원을 극대화하는 정신 역동 과정이다. 자기 실현 과정에는 자기수용self-acceptance, 창의성creativity, 자발성spontaneity, 자율성autonomy, 감사, 공감, 연민, 그리고 관계 만족과 같은 여러 가지 정신 역동 요소가 들어있다. 많은 사람이 자기 실현을 이루려고 노력하지만, 실제로는 내면의 복잡한 정신 역동 요인에 인해 성공에 이르는 경우는 많지 않다.

실패에 대한 두려움

사람들이 성장하지 못하고 제자리걸음을 반복하는 이유 가운데 하나는, 비합리적이지만 삶 전반을 지배하는 실패에 대한 두려움 때문이다. 그들의 내면 깊숙한 곳에서는 실패가 마치 재앙처럼 인식된다. 그 결과 위험을 감수하는 일을 두려워하고, 조금이라도 실패할 가능성이 있는 행동이나 상황은 미루거나 아예 피하려 든다. 이런 태도는 여전히 마음 속에 수치심이나 굴욕감으로 남아있는 과거의 실패 경험에서 비롯된 것일 수 있다. 이런 부정적인 감정은 사람으로 하여금 편안하다고 느끼는 안전지대comfort zone와 예측할 수 있는 환경, 익숙한 습관 속에 자신

1) Abraham Maslow (1968). *Toward a Psychology of Being*. New York: Van Nostrand.

을 가두게 만든다. 그렇지만 그렇게 부정적 결과를 피하려고만 하다 보니 결국 자신의 잠재력을 펼칠 기회조차 얻지 못한 채 살아간다.

이런 삶의 태도를 가진 '황금 애벌레'는 실패의 가능성이 조금이라도 보이면 아예 시도조차 하지 않는다. 최선을 다하지 않거나 회피하는 행동을 반복하는 것은, 자신이 망신당할지도 모른다는 불안으로부터 자신을 보호하려는 일종의 자기방어이다. 그렇지만 이런 태도는 종종 자기실현적 예언으로 작용한다. 실패가 두려워서 도전하지 않음으로써 결국 진짜 나비가 될 기회조차 잃는 것이다. 더 안타까운 사실은, 이런 실패에 대한 두려움이 불안, 공황발작, 우울증 등 다양한 정서적·정신적 문제를 유발할 수 있다는 점이다. 스티븐의 사례가 보여주듯, 실패에 대한 두려움은 직무성과뿐 아니라 가족이나 친구와 관계에도 부정적 영향을 미친다.

스티븐처럼 행동하는 사람들의 근원적 이유는 그들이 자라온 성장환경과 깊은 관련이 있을 수 있다. 어쩌면 이들은 어릴 적부터 실패는 절대 용납되지 않으며, 완벽하지 않으면 곧 실패라는 메시지를 반복해서 들으며 자라왔을지도 모른다. 불행히도 이런 완벽에 대한 집착은 너무 큰 대가를 치르게 만든다. 즉, 도저히 충족할 수 없는 높은 기준에 미치지 못할까 봐 늘 불안에 시달리게 되고, 결국엔 사람들이 실망할 거라는 두려움 속에서 살아간다. 그리고 이렇게 형성된 신념 체계는 성인이 되어서도 쉽게 사라지지 않는다. 부모가 더는 곁에 없는데도, 이들은 여전히 실수를 두려워하며 자기 내면에 뿌리내린 부모의 기준에 맞추려 애쓰는 삶을 반복한다.

만약 어릴 적 비현실적인 기대에 미치지 못했다는 이유로 학대나 심한 처벌을 받은 경험이 있다면, 그로 인한 정신적 상처는 훨씬 더 복잡하게 얽혀 있을 수 있다. 이런 어린 시절의 경험으로 인해 그들의 내면은 수치심으로 가득 차 있고, 과거 장면이 다시 반복될까 봐 지금도 두려움 속에 살아간다.

사실 실패를 두려워하는 사람이 스스로 성공의 기회를 무너뜨리는 자기방해적self-sabotage 행동을 하는 것은 이 외에도 다양한 정신 역동 요인으로 설명될 수 있다.

성공에 대한 두려움

성공에 대한 두려움은 종종 실패에 대한 두려움과 혼동되기 쉽다. 이 두 감정은 얼핏 상반된 것처럼 보이지만, 막상 들여다보면 서로 구분하기가 쉽지 않다. 사람들이 뭔가 잘되는 것을 두려워하는 데에는 다양한 이유가 있다. 겉으로 쉽게 드러나는 이유도 있지만, 어떤 이유는 의식 아래 감춰져 있기도 하다. 그러나 성공을 두려워하는 사람에게 공통으로 나타나는 특징은 스스로 장애물을 만들어 성공 가능성을 스스로 낮춘다는 점이다. 그들은 단순한 회피 같은 자기방해적 행동부터, 때로는 큰 손실을 초래하는 심각한 자기파괴적self-destructive 행동까지 다양한 방식으로 자신의 성공을 방해한다.

또한 주목할 점은 이런 사람을 제자리에 머물게 만드는 것은 성공 그 자체가 아니라 성공이 가져오는 결과라는 것이다. 그것은 단순한 두려움이라기 보다, 성공이 자신의 삶에 불러올 변화에 대해 자신이 준비되어 있는지 확신할 수 없기 때문이다. 예를 들어, 이들은 지나치게 주목받는 것에 따르는 사회적 반응이나 파장을 걱정한다. 다른 사람의 시선을 한 몸에 받는 상황을 매우 불편하게 느끼고, 그 상황을 감당할 자신이 없어 불안해진다. 또한 이들은 "나는 성공할 자격이 없는 사람이다."라는 자기제한적 신념을 내면에 지니고 있을 수도 있다.

이런 사람이 성공을 두려워하는 또 다른 이유는 자신보다 더 낫다고 여기는 사람보다 자신이 더 빛나게 될까 봐 걱정하고, 그로 인해 죄책감을 느끼기 때문이다. 나아가 자기가 너무 두드러진 존재가 되어 비난 받거나, 다른 사람의 질투를 살지 두려워하기도 한다. 아이러니하게도, 애초에 원하지도 않았던 자리에서 곧 끌어내려질지 모른다는 불안 역시 이들을 괴롭힌다. 즉, 성공을 원하지 않으면서도, 또 한편으로는 그 성공을 잃을까 봐 걱정한다. 또 어떤 이들은 사회적으로 성공하면 오히려 사람들과 관계가 멀어지고, 정서적으로 고립될까 봐 두려워한다. 성공한 만큼 친구들이 떠나거나 누군가를 뒤에 남겨두게 될까 봐 마음이 불편해진다.

이런 이유로 성공을 앞두고 불안과 자기 의심self-doubt, 그리고 여러 부정적 감정이 일어난다. 그리고 이런 부정적 감정은 겉으로 드러나지 않고 잠재된 상태로 자기방해적 행동에 일조한다.

완벽주의도 또 다른 이유일 수 있다. 이들은 성공 이후 주변의 기대가 더 높아질 것을 알기 때문에, 완벽주의가 그들의 성공에 대한 두려움을 더 강화하는 요인으로 작용한다. 실패에 대한 두려움과 마찬가지로, 이들은 자신이 도저히 충족할 수 없는 기준에 묶여, 결국 실망하게 될까 봐 아예 시도조차 하지 않는다. 이런 사람들에게서 공통으로 나타나는 행동 패턴은 무언가를 시작하거나 끝내는 일을 늘 미루는 것이다. 이러한 습관적 미루기procrastination는 성공할 기회를 아예 놓치게 만들거나, 결과물을 성의 없이 대충 마무리하게 한다.

성공을 두려워하는 사람은 성공이 자신을 바꿔놓을지도 모른다는 생각에 사로잡히기도 하는데, 그 변화가 반드시 긍정적일 거라고는 생각하지 않는다. 예컨대 사업에 성공해 큰돈을 벌면 자만심에 빠지거나, 지금과 다른 사람이 될지 모른다고 상상한다. 이런 두려움을 피하고자 그들은 의도적으로 기대치를 낮추거나, 다시 자기방해적 행동을 선택하기도 한다. 이런 전형적인 사례는 성공이 눈앞에 다가왔을 때 스스로 물러날 구실을 찾는 것이다. 더 심각한 경우에는 약물 남용과 같은 자기파괴적 행동에 빠져 성공 가능성을 심각하게 훼손할 수 있다.

성공에 대한 두려움의 근원도 어린 시절의 경험으로 거슬러 올라갈 수 있다. 특히 어릴 적에 성공한 일이 오히려 폄하되었거나, 자랑했다는 이유로 꾸중을 들은 경우, 이들은 이후 사람의 주목을 가능한 한 피하려는 태도를 보인다. 반대로 아무리 애써도 인정받지 못하거나, 노력해도 결과가 충분치 않다고 여겨졌던 경험은 이후 완벽주의적 성향으로 이어지기 쉽다. 이런 성향은 잠재적으로 실패를 초래하는 정신적 요인이 되기도 한다. 어느 쪽 경우든 어린 시절의 상처는 성인기까지 이어져 성공을 회피하려는 심리 구조를 형성하는 토대가 될 수 있다.

가면 증후군과 피터 팬 증후군

가면 증후군

실패나 성공에 대한 두려움에는 가면 증후군imposterism이나 피터 팬 증후군Peter Panism이 함께 얽혀 있는 경우가 많다. 가면 증후군은 성공을 눈앞에 두고 있으면서도 자기 의심과 무능감에 시달리는 심리 상태를 말한다. 이런 사람은 자신을 '가짜'라고 여기며, 언젠가는 자신의 정체가 드러날까 봐 늘 불안해한다. 겉으로는 그럴듯해 보이지만, 사람들이 보고 있는 것은 자신이 꾸며낸 거짓된 자아false self일 뿐이라고 믿는다.[2] 이러한 거짓된 자아라는 느낌은 자신의 실상이 들통날지 모른다는 두려움으로 이어진다. 이런 감정은 대부분 겉으로 드러나지 않기 때문에 가면 증후군의 고통을 다른 사람들이 쉽게 알아차리지 못한다. 실제로 이들은 자신에게 주어진 기대를 감당하기에 자신이 충분하지 않다고 느끼거나, 도저히 감당할 수 없다고 생각한다. 다시 말해 자신의 강점이나 성취한 것을 있는 그대로 인정하지 못한다. 자신의 능력을 객관적으로 바라보지 못한 채 살아간다.

---

2) Donald Winnicott (1965). "Ego Distortion in Terms of True and False-Self," in *The Maturational Process and the Facilitating Environment: Studies in the Theory of Emotional Development*. New York: International Universities Press. See also Pauline R. Clance and Susanne A. Imes (1978). "The Impostor Phenomenon in High Achieving Women: Dynamics and Therapeutic Intervention." *Psychotherapy: Theory, Research & Practice*, 15(3): 241–247.

이들의 행동에는 일종의 '자기실현적 예언'이 작용한다. 자신을 깎아내리는 데 익숙하고, 앞으로 어떤 일이 생길까 두려워하는 성향이 크기 때문이다. 앞서 살펴본 실패나 성공에 대한 두려움을 가진 사람처럼, 이들 역시 자신을 '가짜'라고 여기는 심리 속에서 자기방해적 행동을 반복한다. 이들은 흔히 자신이 별로 도움이 되지 않거나 부족하고 무의미한 존재라고 믿는다. 이런 부정적 메시지를 반복적으로 자신에게 주입하면서 점점 노력과 집중력이 떨어지고, 창의성이나 끈기도 약해진다. 그 결과 잘못되거나 위험한 의사결정을 할 가능성이 높아진다. 결국 목표를 달성하지 못하게 가로막는 것은 내면 깊이 자리 잡은 부정적 신념이다.

완벽주의도 다시 고개를 든다. 가면 증후군이 있는 사람은 자신이 맡은 모든 일을 완벽하게 해내야 한다고 믿는다. 그래서 이들에게 어떤 과제를 수행한다는 것은 시작도 하기 전에 이미 불가능한 일이 되어버린다. 무엇을 하든 충분히 잘하지 못할 것이라는 생각에 사로잡혀 있기 때문에, 실제로 잘 해낸 경험이 있더라도 그들의 인식은 좀처럼 바뀌지 않는다. 성공했을 때조차 그들은 자신의 성과를 축소하거나 깎아내리려 한다. 그리고 너무 쉽게 자신의 성공을 그저 운이 좋았거나 외부 요인 덕분이었다고 돌려버린다. 동시에 자신을 '가짜'라고 여기는 감정은 이들로 하여금 끊임없이 다른 사람의 인정을 구하게 만든다. 이런 이유로 가면 증후군에는 흔히 불안이나 우울증 같은 증상이 동반되며, 조직 내 탈진organizational burn-out으로까지 이어질 수 있다.

그렇다면 이러한 행동 패턴은 어떻게 설명할 수 있을까? 가면 증후군을 겪는 사람은 부모나 가족이 지나치게 성취 중심적이었거나, 또는 매우 비판적인 환경에서 자랐을 가능성이 크다. 그 결과 자신의 가치는 성취 여부에 따라 결정된다고 믿으며, 이러한 성장 배경은 결국 낮은 자존감으로 이어진다. 또한 가면 증후군을 겪는 사람은 대체로 정서적 지지는 부족하면서 갈등이 많은 가정 환경에서 성장했을 가능성도 있다.[3)]

피터 팬 증후군

피터 팬 증후군은 주로 성인 남성에게 나타나는 행동 패턴으로, 성인이 된 이후에도 삶의 책임을 회피하려는 행동 양상을 말한다. 이들은 사회의 일원으로서 기본적 책임을 감당하는 것을 매우 어려워한다. 성인으로서 요구되는 감정적·경제적 책임을 너무 버겁고 감당하기 어려운 일로 느낀다. 그 결과 삶이 한결 단순해 보였던 유년기 시간에 머무르려 하며, 현실의 책임과 어려움을 회피한 채 성장하지 않아도 되는 자기만의 이상적인 공간, 일종의 '네버랜드[Neverland]'[4)] 에 머물고 싶어 한다.

3) Joe Langford and Paulin Rose Clance (1993). "The Imposter Phenomenon: Recent Research Findings Regarding Dynamics, Personality and Family Patterns and Their Implications for Treatment." *Psychotherapy Theory Research Practice Training*, 30(3): 495–501.

4) [역자 주] 네버랜드는 J.M. 배리의 소설 『피터 팬』에 등장하는 가상의 섬으로, 아이들이 영원히 나이를 먹지 않고 살아가는 곳이다. 이 섬에는 피터 팬, 팅커벨, 후크 선장, 잃어버린 아이들 등 다양한 등장인물들이 살고 있다. 현실에는 존재하지 않는 이상향이나 동경의 대상을 비유적으로 표현할 때 사용한다.

피터 팬 증후군을 지닌 사람은 누구나 결국 어른이 되어 현실을 마주하고 무언가를 이루어야 한다는 사실을 받아들이려 하지 않는다. 대신 여전히 어린 시절의 꿈에 집착하고, 아무 걱정 없는 유년기 상태에 그대로 머무르려 한다. 이러한 사고방식 때문에 그들은 독립적으로 세상에 나아가는 데 늘 어려움을 겪고, 성인이 되어서도 미성숙한 모습을 보인다. 그리고 이들은 자신의 삶에서 겪는 어려움을 스스로 해결하기보다 다른 사람, 특히 부모에게 의존하려고 한다.

피터 팬 증후군을 지닌 사람은 자신이 붙잡고 있는 어린 시절의 꿈이 현실과 동떨어진 것이며, 지금의 방식으로는 자신의 삶이 앞으로 나아가기 힘들다는 점을 잘 인식하지 못한다. 이들은 대체로 동기 수준이 낮고, 일에 진지하게 임하려는 태도도 부족하며, 최대한 책임을 회피하려고 한다. 실제로 이들은 습관적으로 일을 미루는 성향이 있고, 문제가 생기면 핑계를 대거나 남 탓을 하려는 모습을 보인다. 또한 정서적으로 불안정하고 성장을 회피하거나, 심하면 약물이나 알코올 중독과 같은 자기파괴적 행동에 빠질 위험도 있다.

피터 팬 증후군을 지닌 사람은 무언가에 책임지는 것을 두려워하고, 자신의 선택과 결정을 요구하는 상황 자체를 회피하려는 성향이 강하다. 이들은 새로운 가능성에 도전하기보다 책임지지 않는 것이 더 안전하다고 여기며, 구체적인 계획을 세우기보다는 그냥 여러 가능성을 열어두려 한다. 이러한 태도는 끝까지 노력하지 않거나 지각, 무단결근 등의 행동으로 나타나며, 결국에는 직장을 잃기도 한다. 실제로 이들은 특정 분야의 전문성을 기르지 못한 채 여러 직장을 옮겨 다니며 경력을 제대로 쌓지 못하는 경우가 많다. 말할 필요도 없이 이러한 피터 팬 증후군 행동은 주변 사람의 묵인과 조장에 의해 더 고착된다. 그러나 정작 그 주변 사람은 자신이 이들의 왜곡된 현실 인식을 더 굳히고 있다는 사실을 인식하지 못한다.

그들의 행동이 어디에서 비롯되었는지 이해하려면 다시 어린 시절의 경험을 깊이 들여다볼 필요가 있다. 피터 팬 증후군을 지닌 사람은 대체로 무엇이든 허용하는 부모나 일일이 챙기며 과잉 보호하는 부모helicopter parents 아래에서 성장했을 가능성이 크다. 전자의 경우 아이들은 무슨 일이든 자기가 하고 싶은 대로 하면서 그 결과에 대한 책임은 거의 지지 않았다. 반면 과잉 보호하는 부모 아래에서 자란 아이들은 세상은 위험한 곳이라는 메시지를 늘 들으며 성장했다. 이런 부모는 자녀를 보호한다는 이유로 일상의 모든 일을 대신 처리해 주었고, 그 결과 아이들이 스스로 책임질 기회를 얻지 못했다. 결국 이런 과잉 보호 환경에서 자란 아이는 스스로 세상을 마주할 기회를 얻지 못한 탓에 지나치게 의존적이거나 정서적으로 불안정하고, 성인이 되어서도 삶의 태도와 사고방식이 미성숙한 상태에서 벗어나지 못한다.

대처 방법

스티븐의 사례를 다시 살펴보면, 그의 행동에는 실패에 대한 두려움, 성공에 대한 두려움, 그리고 가면 증후군과 같은 여러 정신 역동 패턴이 복합적으로 얽혀 있다는 것을 알 수 있다. 실패와 성공에 대한 두려움으로 인해 그는 '황금 애벌레' 상태에서 벗어나지 못하고 있으며, 가면 증후군 또한 자기 방해 행동을 지속해서 강화하고 있다. 심지어 그에게 피터 팬 증후군의 행동도 일부 발견할 수 있다. 사실 스티븐과 같은 사람은 어떤 정신분석상 범주에 속하든 결국 자신이 될 수 있는 최선의 모습에 도달하지 못한다. 스티븐 또한 자기 실현에 이르지 못한 채 자기파괴적 행동을 반복하며 애벌레 상태에 머물러 있는 것이다.

나비가 되는 법

스티븐의 이야기는 당신에게도 질문을 던진다. 혹시 자신이 이처럼 애벌레 상태에 머무는 행동을 하는 것을 알아차린 적이 있는가? 만약 그렇다면 지금 무엇을 할 수 있을까? 어떻게 해야 스스로 나비로 변신할 수 있을까?

앞으로 나아갈 수 있는 유일한 방법은,
무엇이 당신을 붙잡고 있는지 인식하는 것이다.

자신의 두려움이 어떻게 자신을 붙잡고 있는지를 이해하는 것은 쉽지 않지만, 그렇다고 불가능한 일도 아니다. 만약 당신 안에 자기 방해 행동 패턴이 있다는 것을 인식했다면, 이제는 그 행동을 극복하기 위한 실천 계획을 세워 보자. 자신에 대해 새로운 이야기를 다시 써 보자. 이제 그 새로운 이야기를 시작하는 데 도움이 될 구체적인 실천 단계를 소개한다.

- **자신이 '황금 애벌레'처럼 행동하고 있음을 인정한다**: 이것이 바로 자기파괴적 행동을 멈추기 위한 첫걸음이다. 나에게 왜곡된 행동 패턴이 있음을 인정하고, 그 이면에 있는 근본 원인을 하나씩 마주해야만 비로소 자기 실현을 향한 길이 열리게 된다. 무엇보다도 이런 자기 방해 행동이 당신의 잠재력을 가로막고 있다는 사실을 먼저 인식해야 한다. 앞으로 나아갈 수 있는 유일한 방법은, 무엇이 당신을 붙잡고 있는지 아는 것이다. 그것은 곧 내면 깊이 자리 잡은 오래된 믿음과 정면으로 맞서야 한다는 뜻이다. 뭔가 잘못되었다는 것을 우선 인정해야 한다. 그래야 그 실마리를 스스로 발견할 수 있고, 혹은 누군가의 도움을 받아 내면을 깊이 들여다볼 수 있다.

  스티븐에게 도움을 받아보라고 권한 사람은 그의 아내였다. 결혼 당시만 해도 그녀는 두 사람의 미래에 대한 기대감으로 가득 차 있었다. 그렇지만 시간이 지나면서 스티븐의 경력에 반복적으로 찾아오는 좌절을 지켜본 아내는 그의 행동 속에 자기파괴적 패턴이 있다는 사실을 인식하게 되었다. 스티븐은 처음에는 자신에게 그런 성향이 있다는 말을 받아들이지 않았지만, 아내가 구체적인 사례를 들어 설명하자 결국 받아들일 수밖에 없었다. 아내의 권유로 전문가의 도움을 받기 시작한 스티븐은 그때부터 나와 함께 자신이 삶을 바라보는 방식이 과연 현실적인 것인지 되돌아보기 시작했다. 긴 시간의 자기성찰 끝에 스티븐은 자신의 자기 방해 행동들이 어린 시절의 경험과 연결되어 있다는 사실을 깨달았다. 이러한 연결을 발견한 순간, 스티븐은 마치 머릿속에 불이 켜지는 듯한 강렬한 깨달음을 경험했다. 그의 과거를 함께 돌아보는 과정에서 성인이 된 이후의 몇 가지 경험들 또한 자신의 역량에 대한 의심을 더 깊게 만든 원인이었음을 알게 되었다. 스티븐은 결국 자기파괴적 행동을 멈추기 위한 첫걸음은 그 행동의 뿌리를 찾는 것이라는 사실을 인정하였다. 나는 스티븐에게 어떤 상황에서 두려움을 느끼는지 떠올려보도록 제안했다. 감정은 분명 중요하지만, 그 감정이 언제나 현실을 그대로 반영하는 것은 아니라는 점도 함께 상기시켰다.

같은 맥락에서 나는 비슷한 상황을 겪은 사람들의 이야기를 들려주며 스티븐에게 감정보다 사실에 집중하라고 권했다. 그리고 감정과 사실을 분리해 구체적인 실제 정보를 살펴보면 자기 의심이 근거 있는 것인지 아니면 단순한 불안에 불과한 것인지 훨씬 더 명확히 판단할 수 있을 것이라고 말했다. 또한 만약 성공이 오히려 불편하게 느껴진다면, 잠시 멈추어 그 불편함과 그 이면의 모습이 어디에서 비롯된 것인지, 그리고 그것이 자신에게 무엇을 의미하는지 성찰할 시간을 가지라고 하였다. 이러한 성찰의 과정은 즉각적인 감정 자극을 한층 누그러뜨리고, 그 감정이 과장된 것인지,

혹은 전혀 근거 없는 것인지 더 분명하게 인식할 수 있게 해 준다.

- **생각의 틀을 바꾼다**: 나는 스티븐에게 비슷한 상황을 겪은 사람들이 어려움을 어떻게 이겨냈는지 이야기해 주었다. 그리고 자기파괴적 성향을 극복하려면 자신의 경험을 바라보는 사고의 틀을 바꿔야 한다고 말했다. 이것은 자신이 '실패'라고 여겼던 일을 배움과 성장의 기회로 다시 바라보는 것을 뜻한다. 이러한 성찰의 과정을 이어가는 동안 나는 그에게 앞으로 마주하게 될 도전도 새로운 시각으로 바라보는 연습을 해보라고 제안했다. 이런 연습은 자신을 더 나은 존재로 성장시키는 데 도움이 될 것이다. 세상을 바라보는 방식이 자신의 삶에 얼마나 큰 영향을 미치는지를 이해해야 한다.

스티븐이 깨달은 것은, 스스로에게 어떤 말을 하느냐에 따라 자신을 바라보는 방식이 달라지듯이, 자신이 세상을 어떻게 바라보느냐에 따라 현실이 긍정적, 혹은 부정적으로 달라질 수 있다는 사실이었다. 실제로 '황금 애벌레 증후군'을 겪는 사람과 그렇지 않은 사람의 차이는 자신이 마주한 도전에 어떻게 반응하느냐에 달려 있다. 스티븐은 부정적인 생각이 떠오를 때마다 자기 내면의 목소리를 관찰하고 바꿔나가야 했다. 자기방해적 사고방식을 더 긍정적인 생각으로 전환해야 했다. 물론 이러한 '생각의 재구성'은 즉각적인 효과를 보이지 않지만, 시간이 지날수록 분명 변화를 만들어낸다. 이런 접근 방식을 취한다는 것은 스티븐이 자신의 강점과 약점을 더 잘 이해해야 한다는 뜻이다. 그는 자신이 진정으로 잘하는 것이 무엇인지 인정하고, 과거 실패에서 얻은 배움뿐 아니라 성공한 경험 역시 있는 그대로 받아들여야 한다. 물론 과거의 경험 중에는 실패나 성공을 두려워하게 만든 사건이 분명 있었지만 그런 경험이 자신을 움츠리게 할 필요는 없다는 사실을 인정하면 된다. 실패를 '배움의 기회'로 다시 바라보면 된다. 이러한 관점을 취할 때 비로소 그는 자신에 대해 더 깊은 안정감과 믿음을 갖게 될 것이다.

스티븐은 다른 사람과 자신을 비교하지 말아야 한다는 점을 분명히 깨달았다. 나는 그에게 주변의 시선을 지나치게 의식하면 실패는 언제든 눈앞에 닥칠 수 있다고 말했다. 다른 사람과 비교하는 대신 자신이 되고 싶은 모습에 초점을 맞춰야 한다. 또한 비교하려는 마음이 올라올 때마다 대부분의 사람은 잘된 일만 이야기하고, 자신의 실수나 실패는 좀처럼 드러내지 않는다는 점을 기억해야 한다. 너무 많은 사람이 이미지 관리에만 몰두하므로 겉모습을 보고 사람을 판단해서는 안 된다. 긍정적인 자기 확언self-affirmation은 이런 부정적인 생각을 더 긍정적 생각으로 전환하는 데 도움이 되며, 결과적으로 자기 확신을 높일 수 있다.

- **자신이 참여하는 활동의 가능한 모든 결과를 그려본다**: 여러 사례 덕분에 스티븐은 어떤 행동을 취하기 전에 그 결과의 다양한 가능성을 미리 상상해 보는 것만으로도 '황금 애벌레' 행동 패턴이 드러나는 것을 막을 수 있다는 사실을 깨달았다. 이런 상상 훈련은 그가 자신이 원하는 삶의 모습을 더 구체적으로 그려보도록 도와주고, 그런 모습이 되기 위해 어떤 단계를 밟아야 할지 생각하게

만든다. 실제로 자신이 일을 잘 해내는 모습을 상상해 보는 것만으로도 긍정적인 감정을 느낄 수 있고, 이는 실제 성과를 높이는 데도 도움이 된다.

반대로 일이 잘못될 수 있는 생각을 계속 곱씹는 것은 오히려 불안을 더 자극하고, 두려워하는 실패가 실제로 일어날 가능성만 높일 뿐이다. 그렇다고 해서 모든 부정적인 생각을 무조건 피하라는 의미는 아니다. 스티븐은 삶 전체의 맥락에서는 '최악의 시나리오'를 미리 상상해 보는 것이 도움이 될 수 있다는 사실도 깨달았다. 그렇게 해보면 자신이 그렇게도 두려워했던 상황이 사실 생각만큼 끔찍한 일이 아니라는 것을 이해할 수 있었다. 그는 자신을 가로막고 있던 것은 실패 그 자체가 아니라, 그 실패 뒤에 어떤 일이 벌어질지 모른다는 두려움이었다는 사실을 깨달았다.

이런 사고 훈련을 거치면서 스티븐은 일이 뜻대로 풀리지 않더라도 자신은 결국 괜찮을 것이고, 설령 실패하더라도 그것이 세상의 끝이 아니라는 사실을 받아들일 수 있게 되었다. 이와 관련해 나는 스티븐에게 로마의 정치인 세네카Seneca the Younger의 말을 전해주었다. "불행을 미리 걱정하는 것만큼 어리석고 비참한 일은 없다. 불행이 아직 오지도 않았는데 불행이 닥칠 것이라고 먼저 걱정하다니, 이 얼마나 터무니없는 일인가."[5)]

- **내 안의 완벽주의를 내려놓는다**: 스티븐은 도전적이지만 현실적

5) Seneca the Younger (1896 [c. 65 AD]). *The Cyclopedia of Practical Quotations*. Compiled by Jehiel Keeler Hoyt. New York: Funk & Wagnalls Company, Section: Misfortune, Quote Page 727, Column 1.

이고, 무엇보다 실현할 수 있는 목표를 세우는 연습이 필요하다는 사실을 깨달었다. 그는 실수도 삶의 일부이고, 만약 어떤 목표를 달성하지 못하거나 기한 내에 일을 마치지 못하더라도 그것이 세상의 끝이 아니라는 사실을 스스로에게 상기시켜야 했다. 실제로 자신이 가짜처럼 느껴질 때는 대부분 달성이 불가능하거나 비현실적으로 완벽한 결과를 추구하고 있을 때였다. 따라서 성공에 대한 기준을 스스로 조금만 조정해도 자신이 이룬 것을 더 잘 인식하고, 성취한 것을 내면화하기가 훨씬 쉬워진다. 나는 스티븐에게 "이 정도면 충분하다."라고 자신을 다독이는 연습이 필요하다고 말했다. 기대한 만큼 해내지 못했다는 이유로 자신을 자책하기보다는, 그 경험에서 배움을 얻고, 다음에는 더 잘할 수 있다고 말하며 다시 앞으로 나아가야 한다. 다시 말해 완벽보다는 성장에 집중해야 한다. 그리고 자신의 기준에 미치지 못했을 때 그 실패를 곧바로 재앙처럼 받아들이려는 충동을 이겨내야 했다.

솔직히 말해 그는 자신에게 더 친절할 필요가 있었다. "나는 부족해.", "나는 실패자야." 같은 내면의 부정적인 목소리에 휘둘리지 않고, 긍정적인 자기 대화positive self-talk를 의식적으로 활용해야 한다. 삶을 바라보는 시각이 더 낙관적으로 바뀌게 되면 스티븐이 느끼는 불안과 스트레스도 크게 줄어들 것이다.

완벽보다는 성장에 집중해야 한다.

- **용기라는 근육을 단련한다**: 스티븐은 어려운 상황에 부딪혔을 때, 마치 타조처럼 머리를 모래 속에 파묻어서는 안 된다는 사실을 깨달았다. 오히려 자신이 가장 두려워하는 것을 직면해야 할 필요가 있었다. 나는 그에게 새로운 기회가 주어졌을 때 스스로 "네."라고 말하며 적극적으로 수용해 보라고 권했다. 그렇게 의식적으로 자신을 밀어붙이는 것은 두려움을 극복하는 데 유용한 훈련이다. 실제로 이는 공포증 치료에 효과적인 노출 치료exposure therapy와 유사한 접근 방식이다.

나는 스티븐에게 두려움에 조금씩 둔감해지기 위해, 그동안 자신이 성공을 회피하거나 자신을 방해했던 모든 방식을 하나하나 적어보라고 제안했다. 이 목록을 작성하는 과정에서 그는 자신이 무의식적으로 반복하던 행동을 명확히 인식하게 되었고, 자신을 붙잡고 있던 것이 무엇인지 더 분명하게 들여다볼 수 있었다. 이러한 연습을 통해 스티븐은 더 이상 실수를 두려워할 이유가 없다는 사실을 깨달았다. 오히려 그는 실수를 통해 배우며, 실수의 두려움을 극복할 수 있었다. 그는 스스로 능력을 믿지 못해, 경력을 쌓을 수 있는 기회들을 스스로 거부했다는 것을 알게 되었다. 그렇지만 스티븐은 점차 두려움을 직면하고 도전을 받아들이면서, 두려움을 훨씬 수월하게 극복할 수 있다는 것을 확신하였다.

스티븐은 조금씩 자신이 처한 상황을 부정적으로 보지 않고 긍정적인 가능성으로 바라보는 법을 배워갔다. 그는 이제 시도하지 않을 때 무엇을 잃게 되는지를 인식하였다. 도전을 외면하면 인생의 소중한 기회들을 놓치게 된다는 사실을 스스로 느꼈다. 또한 그는 실패하더라도 시도해 보는 편이 시도조차 하지 않는 것보다 훨씬 낫다는 것을 알게 되었다. 무엇보다 중요한 것은 내면의 '애벌레'가 자신의 인생을 바꿀 기회를 가로막게 두어서는 안 된다는 것이다. 과거의 그는 종종 현재 상황이 나아지기를 막연히 기대하며 결정을 미루다가 실패를 겪곤 했다. 이제는 용기를 내야 한다. 용기를 낸다면 자신이 해낼 수 있는 일이 얼마나 많은지 스스로 놀라게 될 것이다.

- **성공을 자축한다**: 나는 스티븐에게 다음번에 무언가를 잘 해냈다고 느끼면 반드시 그 성공을 기쁘게 받아들이고, 자신을 칭찬하라고 했다. 과거의 성공과 그때의 성공 방식을 떠올리는 것은 황금 애벌레 증후군을 극복하는 데 효과적이다. 그래서 스티븐이 자신이 이룬 것을 그대로 받아들이고, 스스로에게 칭찬하고 보상하는 것이 꼭 필요했다. 그는 자신의 성공을 대수롭지 않게 넘길 것이 아니라, 그 성공에 자신이 어떤 역할을 했는지 진심으로 인정해야 한다.

내 조언을 계기로 스티븐은 자신이 무의식적으로 부정적 자기 대화를 하고 있다는 점을 알게 되었다. 그는 무언가를 잘 해냈을 때 "그저 운이 좋았을 뿐이야." 같은 말로 얼버무려서는 안 된다는 것을 알게 되었다. 나는 그에게 일상에서 성공한 것을 기록하는 성공 일기를 써보라고 제안했다. 이 일기 작업을 통해 그는 자신에 대해 훨씬 더 긍정적이고 건설적인 이야기를 할 수 있게 되었다. 내면의 독백을 바꾸면 자기 연민을 키우고, 자신에게 더 관대해지는 데 도움이 된다.

그는 머릿속에서 자신에게 어떤 말을 하고 있는지 의식하며, 그 대화를 조정하는 연습을 계속했다. 그는 부정적 자기대화가 결국 불안과 스트레스만 키우는 해로운 습관임을 알게 되었다. 자신을 심하게 비판하거나 의심하기보다 친절과 연민으로 대하려고 노력했다. 그렇게 하면 자신을 더 현실적인 관점으로 볼 수 있게 된다. 스티븐은 자신도 실수할 수 있는 사람이며, 실수했을 때 자신을 용서해도 된다는 사실을 받아들였다. 누구나 실패를 경험하므로, 실패했다고 해서 자책하거나 죄책감을 느끼거나 자신을 깎아내릴 필요가 없다는 점을 이해하게 되었다. 대신 스티븐은 스스로에게 더 다정하고 지지하는 말, 따뜻한 말을 건네는 연습을 했다. 실수는 피할 수 없는 일이지만, 실수를 통해 다음엔 더 잘할 수 있다는 점을 받아들이기 시작했다.

- **혼자 끙끙 앓지 않는다**: 스티븐은 감정을 억누르지 않는 것이 얼마나 중요한지도 이해하게 되었다. 여러 차례의 대화를 통해 그는 다른 사람에게 도움을 요청하는 것이 필요하다는 점을 받아들이게 되었다(5장 참조). 자신이 그동안 왜 도움을 요청하지 못했는지, 그리고 모든 일을 혼자 감당할 필요는 없다는 사실도 이제 알게 되었다. 자신이 믿을 수 있는 사람에게 솔직하게 이야기하는 것만으로도 얼마나 큰 힘을 얻는지 이해하게 되었다. 그리고 그런 대화가 때로는 마음을 정화하는 치유의 경험이 될 수 있다는 것도 깨달았다.

물론 자신을 붙잡고 있는 것이 무엇인지 스스로 알아내는 것도 나름 의미가 있지만, 황금 애벌레 증후군이 삶을 지배하며 일상을 위협할 정도라면, 가까운 사람이나 전문가에게 도움을 구하는 것이 필요하다. 코치나 심리상담사는 자신이 왜 개인적인 성공을 두려워하는지 그 이유를 마주하도록 도와준다. 또한 자신이 지닌 잠재력과 지금까지 이뤄낸 성취를 스스로 인정할 수 있게 해 준다. 사실 자기 의심의 감정을 털어놓는 것만으로도 두려움을 덜어내는 데 큰 힘이 된다.

전문가의 도움을 받으면 자기방해적 행동이 실제로 자신을 어떻게 가로막고, 어떤 해를 끼치는지 인식할 수 있다. 전문가의 지지를 통해 이제 더는 그런 자기 방해 행동에 머무르지 않고, 자신의 성공 가능성을 받아들일 수 있다.

무엇보다 중요한 것은, 당신이 느끼는 두려움을 가까운 사람이나 전문가와 나누는 과정에서 황금 애벌레 증후군으로 고통받는 사람이 비단 당신만이 아니라는 사실을 알게 된다. 그리고 스티븐처럼 이 어려움이 자신만의 문제가 아니라는 점을 알게 된다. 이 사실을 알게 되면 마음의 부담이 줄고, 오히려 앞으로 나아갈 힘을 얻는다. 더 나아가 당신 주변의 누군가가 성공에 대한 두려움을 부추기고 있다는 걸 깨닫는다면, 먼저 그들과 솔직하게 대화해보는 것이 도움이 된다. 만약 그들이 자신의 행동이 당신에게 상처를 주고 있다는 걸 인정하지 않는다면, 과감히 그들과는 거리를 두고, 대신 당신을 믿어주는 사람과 함께 해라.

대화를 나누면서 스티븐이 세상을 늘 부정적으로만 바라보는 대학 친구와 지나치게 많은 시간을 함께 하고 있다는 사실을 알게 되었다. 그와 나누는 대화는 스티븐의 자존감에 전혀 도움이 되지 않았다. 스티븐이 그 친구에게 이런 부정적인 시각이 대화를 얼마나 무겁게 만드는지 지적했지만, 그는 여전히 똑같이 행동했다. 그러나 이번에는 자신에 대해 새로운 통찰을 얻은 덕분에, 스티븐은 앞으로 이 친구와 관계를 줄이는 편이 훨씬 낫겠다고 마음먹었다.

직면한 문제를 새로운 시선으로 보는 것을 시도하는 순간,
당신은 더 나은 자신을 찾아가는 첫걸음을 내딛는 것이다.

마음속에서 "넌 아직 부족해."라는 속삭임이 들려올 때마다 스티븐은 이렇게 차분히 되받아칠 수 있게 되었다. "아니, 난 지금 더 좋아지고 있어." 스티븐의 이야기처럼 직면한 문제를 새로운 시선으로 보는 것을 시도하는 순간, 당신은 더 나은 자신을 찾아가는 첫걸음을 내딛는 것이다.

마무리 성찰

물론 스티븐에게 황금 애벌레 증후군을 극복하는 일은 결코 쉬운 일이 아니었다. 그렇지만 그는 자신의 처지를 직시하고 용기를 내어 도움을 요청했다. 그는 앞서 언급한 여러 단계를 하나씩 실천해 가면서 자신

이 정말로 지닌 가능성이 무엇인지 서서히 깨달았다. 내면의 그림자를 정면으로 마주하면서 그는 자신의 잠재력을 현실로 드러낼 수 있었다. 그리고 드디어 자신의 이야기를 다르게 써 내려갈 수 있게 되었다.

나는 그에게 많은 위대한 인물이 내면의 그림자와 외부의 상처를 어떻게 극복해 왔는지를 생각해 보라고 했다. 다양한 인물의 이야기를 통해 어린 시절의 고통스러운 경험이 어떻게 극복될 수 있었는지 설명해 주었다. 예를 들어 베토벤Beethoven은 한때 작곡가로서는 가망이 없다는 평을 스승에게 들었다. 전구, 축음기, 영사용 카메라를 발명한 에디슨Thomas Edison 역시 어린 시절 선생님으로부터 '아무것도 배울 수 없는 바보'라는 말을 수없이 들어야 했다. 아인슈타인Albert Einstein조차도 선생님에게 "넌 아무 것도 할 수 없을 테니까 학교를 그만두는 게 낫겠다."라는 말을 들었다.

개인적 관심사를 초월하는 방법을 찾는 것은,
개인이 더욱 성장하고 성숙해지는 데
매우 효과적인 방법임이 입증되었다.

분명 스티븐 같은 사람도 자기파괴적 습관을 멈추고, 살아있다는 건 결국 자기가 될 수 있는 최선의 모습이 되려고 노력하는 것임을 받아들인다면, 더 충실한 삶을 살아갈 수 있을 것이다. 그리고 그렇게 자기 실현을 향한 여정을 걷는 동안, 더 큰 무언가에 이바지하는 일에 대해서도 생각해 볼 수 있다. 사실 개인적 문제와 관심을 초월하는 일을

찾는 것은, 한 사람이 더 크게 성장하고 성숙해지는 데 매우 효과적이라고 알려져 있다. '더 큰 무언가'는 사회적 가치일 수 있고, 지역 공동체를 위한 봉사 활동이나, 도움이 필요한 친구를 돕는 작은 행동일 수도 있다. 이런 행동은 세상을 더 나은 곳으로 만들기 위해 자신이 지닌 개인적 자질을 활용하는 것이다.

그런 맥락에서 스티븐에게 오스트리아 출신 정신과 의사이자 홀로코스트holocaust 생존자인 빅토르 프랭클Victor Frankl의 말을 전해주었다. "자기 실현은 목표로 삼는다고 이루어지는 것이 아니다. 자기 실현은 오직 자기 초월self-transcendence을 할 때 자연스럽게 따라오는 결과일 뿐이다."[6] 그리고 나의 격려를 받으며, 스티븐은 이 말에 주의를 기울이기 시작했다. 그는 지역 보육원을 찾아가 아이들과 시간을 보내며 그들의 성장을 돕기 시작했다. 그 활동을 하면서 그는 깊은 보람을 느꼈다. 이제 스티븐은 이전과는 전혀 다른 자신의 이야기를 써 내려가며 자신의 나비 날개를 펼칠 수 있었다.

---

6) Victor Frankl (1962). *Man's Search for Meaning*. Boston, MA: Beacon Press.

7장.

어리석음의 위험

사람이 어리석으면, 우리는 그가 어쩔 수 없다고 말하며 봐준다. 그렇지만 같은 방식으로 악한 사람을 변명하려 든다면, 우리는 비웃음을 살 것이다.

– 쇼펜하우어Arthur Schopenhauer

세상에는 바보와 미치광이가 너무 많아서, 굳이 정신병원에 가지 않아도 어디서든 만날 수 있다.

– 괴테Johann Wolfgang von Goethe

어쨌든 그들은 자신도 이해하지 못하는 이야기를 늘어놓는다. 그 근거 없는 자신감은 오직 어리석음에서 비롯된다.

– 카프카Franz Kafka

천국과 지옥

지혜로운 사람이 아무리 많아도 이 세상에 천국을 만들 수 없지만, 단 한 명의 바보가 이 세상을 지옥으로 바꿀 수 있다는 말이 있다. 프로이센Prussian의 하머슈타인Kurt von Hammerstein-Equord 장군은 바보에게 권력을 쥐여주는 일이야말로 가장 위험한 일이라고 생각했다. 장군은 주위 사람에게 늘 같은 이야기를 말하곤 했다. 병사들의 행동을 곰곰히 관찰하면 똑똑한 사람, 부지런한 사람, 게으른 사람, 그리고 어리석은 사람, 이렇게 네 가지 유형으로 나눌 수 있다는 것이다.[1)]

장군은 누구나 이 가운데 두 가지 성향을 함께 갖고 있다고 보고, 각 사람의 성격적 특징을 어떻게 활용하는 것이 가장 효과적일지 판단했다. 똑똑하고 부지런한 사람은 자신의 참모진에 임명했다. 그리고 전체 병사의 90퍼센트를 차지하는 어리석고 게으른 사람은 반복적이고 단순한 업무에 적합하다고 판단해서 보병 부대에 배치했다. 반면 똑똑하지만 게으른 사람은 복잡한 상황에서도 명확하고 침착하게 문제를 처리할 수 있다고 생각해서, 지휘관 역할을 맡겼다. 하머슈타인 장군이 가장 경계한 유형은 어리석고 부지런한 사람이었다. 이들은 책임을 맡으면 항상 문제를 일으킬 수 있는 매우 위험한 존재이므로 언젠가는 반드시 자신의 군대에서 제외되어야 한다고 판단했다.

---

1) Translation of the *Truppenführung*, the German Army field manual, https://commons.wikimedia.org/w/index.php?title=File:Truppenf%C3%BChrung_translation_by_United_States_Army.pdf&page=2

지혜로운 사람이 아무리 많아도 이 세상에 천국을 만들 수 없지만,
단 한 명의 바보가 이 세상을 지옥으로 바꿀 수 있다.

장군은 악의에서 비롯된 것처럼 보이는 행동도, 사실은 어리석음으로 설명되는 경우가 많다는 생각에 동의했다. 그리고 어리석은 사람은 단지 위험할 뿐만 아니라, 그들 행동이 다른 사람에게 쉽게 번질 수 있다는 것도 알고 있었다. "어리석은 양은 늑대에게 고해성사한다."라는 프랑스 속담처럼, 어리석은 사람은 주변 사람까지 모두 위태롭게 만들 수 있다. 기본적으로 어리석음이 자기 선에서만 그칠 때는 문제가 없지만, 다른 사람에게 영향을 미치기 시작하면 이야기는 달라진다. 장군은 경험을 통해 어리석음을 결코 가볍게 여기지 않았다. 한 사람의 어리석은 행동이 전쟁에서 얼마나 큰 재앙을 초래할 수 있는지를 잘 알고 있었기 때문이다.

분명히, 장군은 이 이야기를 통해 사람들의 주의를 끄는 동시에, 어리석음이 지닌 위험에 대해 매우 우려하였다. 어리석음의 모습은 매우 다양하다. 이 장에서는 여러 이야기를 통해 어리석음의 본질을 살펴보고, 다음 장에서는 어리석음을 극복하는 방법을 알아볼 것이다.

어리석음이 자기 선에서만 그칠 때는 문제가 없다.

어리석은 사람은 어떤 모습일까?

주변을 조금만 둘러봐도, 어리석음만큼 흔한 것이 없다. 사실 이 세상을 객관적으로 보면, 우리는 어리석게 행동하는 사람, 어리석은 이야기를 늘어놓는 사람에게 둘러싸여 있는 듯하다. 더욱이 인간의 어리석음은 일부 사람에게만 국한되지 않는다. 대부분 사람은 어리석은 행동을 한 적이 있다. 그래서 어리석음을 나타내는 비슷한 단어들이 많다. 바보, 얼간이, 천치, 백치, 멍텅구리, 멍청함, 미련함, 우매함, 무식함, 무지함 등, 이 모든 단어가 인간의 어리석은 모습을 가리키는 말이다. 결국 이런 표현이 말해 주는 바는, 어리석은 사람은 매우 어리석은 행동을 거듭함으로써 스스로의 어리석음을 드러낼 수밖에 없다는 것이다.

우리가 발견하는 또 다른 사실은, 그들이 추론이나 계획, 문제 해결, 추상적 사고, 복잡한 개념의 이해, 그리고 경험을 통한 학습에 서툴다는 점이다. 그렇지만 더 심각한 문제는, 그들의 행동에서 성숙한 판단이나 성찰하는 모습이 거의 보이지 않는다는 것이다.

지적 허상

또한 놀라운 점은, 언뜻 보기에 지적인 사람이 종종 어리석은 행동을 한다는 것이다. 실제로 매우 똑똑하고 지식이 풍부한 사람이 때로는 심각한 결과를 초래할 위험이 있는 어리석은 행동을 반복적으로 저지르곤 한다.

그들의 행동을 보면, 진짜 어리석음은 두려울 정도의 지적 자만intellectual complacency을 드러내는 징표일 수 있다. 이런 사람은 성찰이 부족하므로 어리석은 행동을 하지만, 그 결과가 명확히 드러나기 전까지는 아무도 그들을 어리석은 사람이라고 생각하지 않는다. 결국 일이 벌어지고 나서야, 그들이 애초부터 어리석었다는 것을 알게 된다. 다시 말해, 어리석음이란 사람이 어떤 선택을 하느냐에 달려 있다. 어리석은 사람에게 합리적 판단을 기대하기는 어렵다.

인간의 어리석음은 일부 사람에게만 국한되지 않는다.

고집

어리석은 사람에게 흔히 보이는 또 다른 특징은 고집stubbornness이다. 자기 생각이 아무리 터무니없더라도, 좀처럼 굽히지 않는다. 로마의 정치가이자 철학자였던 키케로Marcus Cicero는 이런 성향에 대해 "누구나 실수할 수 있지만, 그 실수를 고집하는 건 바보뿐이다."라고 말했다.[2] 불행히도 자신이 얼마나 어리석은지 깨닫지 못한 채, 이들은 확신에 차서 어리석은 행동을 저지른다. 그들 행동을 보면 나르시시즘적 성향이 엿보인다. 그리고 그것이 자기기만적 사고방식self-delusional pattern과 결합하면, 서로 더욱 강화하며, 결국 그 사람을 기존의 행동 방식, 즉

2) Marcus Cicero (1926 [March, 43 BC]). *Philippics*. Translated by Walter C. A. Ker. Cambridge, MA: Harvard University Press, Philippic 12. II. 5.

어리석은 상태에 더욱 묶어 두게 된다.

예를 들어, 누군가 좋은 교육 프로그램을 제안 받았지만, 교육 내용에 별로 새로울 게 없다고 지레짐작하고 제안을 거절하는 경우가 있다. 이들은 성장하고 변화할 기회가 있어도, 익숙한 습관에서 벗어나지 못한 채 그 기회를 자주 놓치곤 한다. 새로운 것을 탐색하고 시도하기보다는, 때로 어리석은 선택일지라도 익숙하고 검증된 것에만 매달린다.

또 다른 예는 정치 영역에서 볼 수 있다. 어떤 집단은 자신들이 지지하는 정당은 언제나 도덕적으로 옳고, 어떤 쟁점에서도 틀릴 리 없다고 믿고, 상대 정당은 전적으로 악하고 항상 틀렸다고 단정한다. 이들은 중간지대를 받아들일 수 없고, 대안이나 다른 관점을 고려하지 못한다. 이런 경우, 어리석은 사람은 자신의 어리석음을 자각할 인지적 여력이 없다. 대부분의 어리석은 사람은 자신의 어리석음을 부인하고 과소평가한다는 사실을 불행히도 우리는 뒤늦게 깨닫는다.

> 대부분의 어리석은 사람은
> 자신의 어리석음을 부인하고 과소평가한다.

가짜 어리석음

또 하나 짚고 넘어가야 할 것은 가짜 어리석음pseudo-stupidity이다. 이는 다른 사람을 속이거나, 원하는 것을 얻으려는 속셈으로 일부러 어리석게 행동하는 경우를 뜻한다. 실제로는 똑똑하지만 드러나지 않으려고 일부러 어리석은 척하는 사람도 적지 않다.

세상은 어리석음으로 굴러간다

본질적으로, 인간은 지혜로운 존재라고 알려진 적이 거의 없다. 오히려 인류 역사는 지혜와 어리석음 사이의 끊임없는 싸움이었다. 셰익스피어William Shakespeare는 "주여, 인간이 얼마나 어리석은 존재인가요."라고 말했고[3], 독일의 인도주의 의사이자 철학자인 슈바이처 박사Albert Schweitzer 역시 "인간은 똑똑하지만, 바보처럼 행동하는 동물이다."라고 말했다.[4] 인류의 역사를 되돌아볼 때 가장 우려되는 점은, 이런 어리석음이 반복된다는 것이다. 우리는 가까운 역사에서 충분히 배우고, 파괴적인 행동을 피하는 법을 알았어야 하는데도, 여전히 이 세상에서 재앙은 반복되고 있다.

인간에게 이런 어리석음이 지속되는 것은 사실 설명할 수 없는 것을 설명하려는 인간의 본능적 욕구 때문이다. 역설적으로 바로 이 욕

3) William Shakespeare (1595). *A Midsummer Night's Dream*. Puck, Act III, Scene ii.

4) Goodall, Jane (2007[2005]) "Reasons for Hope". In Valone, D. A. (ed.), *Reverence for Life Revisited: Albert Schweitzer's Relevance Today*. Transcript of an address given before the faculty, students, and staff of Quinnipiac University at the opening of the conference "Albert Schweitzer Reconsidered in October 2005." London: Cambridge Scholars.

구가 인간의 진화를 이끌어온 동력이기도 하다. 진화의 과정에서 인간은 수많은 위험에 노출됐고, 주변에서 일어나는 이해할 수 없는 일들을 언제나 설명하려고 시도했다. 이해할 수 없는 이상한 현상을 설명하려다 더 이상한 이야기가 만들어지고, 이에 따라 이성을 압도해 버리는 비이성적 신념irrational belief이 생겨나곤 했다. 게다가 인간은 본질적으로 불안에 쉽게 휩싸이고, 남의 말에 잘 휘둘린다. 이는 불안과 비이성을 다른 사람에게 전파하는 데 탁월하다는 것을 의미한다.

본질적으로, 인간은 지혜로운 존재로 알려진 적이 거의 없다.

미신에 기댄 이성

어떤 사람은 황당한 이야기를 거리낌 없이 믿는다. 그 모습에 오히려 다른 사람들이 제정신인지 의심할 정도다. 어떤 사람은 세상을 이해하려는 나름의 방식으로 별자리 운세를 보거나 점쟁이를 찾아간다. 또 어떤 사람은 대체 의학이나 민간요법을 신봉하기도 하고, 주술적 신앙에 의지하거나, 유령이나 정령精靈, 악마나 천사 등을 신봉한다. 또 어떤 사람은 복권 번호를 고를 때마다 '행운의 숫자'를 찾아 헤매고, 불길한 일이 생길까 봐 사다리 아래를 지나가거나 실내에서 우산을 펴는 일을 금기시한다.[5] 손금을 보며 미래를 점치거나, 행운을 빌기 위해 미신적 행동knock on wood[6]을 반복한다. 이 모두는 어디서 비롯되었는지도 불분명하고, 왜 하는지도 알 수 없는 반복적 행동과 믿음이다.

나아가 인간은 지난 과거를 자기 방식대로 설명하고, 자신이 옳다는 것을 입증하기 위한 이야기를 잘 지어낸다. 그리고 일단 그런 이야기를 만들어내면, 자신이 어떤 대가를 치르거나 남에게 해를 끼치더라도 그 믿음을 쉽게 버리지 않는다. 특히 종교 운동이나 정치적 이념을 주장할 때나 사이비 종교 집단이 선동할 때, 이와 같은 맹신적 사고방식이 두드러지게 나타난다. 물론 이런 이념이나 종교적 신념을 뒷받침하는 이야기가 어떤 사람에게는 깊은 위안을 줄 수 있지만, 동시에 이성적 사고를 무력화하는 경향도 있다. 결국 우리 모두에게 어느 정도의 어리석음은 있지만, 특정 이념에 사로잡힌 사람일수록 이 비극적 경향이 더 강하게 드러난다. 특히 미신에 빠진 사람은 이성적 사고가 완전히 무력화되어 휘둘리게 된다.

이념이 바보들의 과학이라고 불리는 것도 이상할 것이 없다. 미국의 과학소설 작가 아이작 아시모프Issac Asimov는 이렇게 말했다. "아무리 어리석은 믿음이라도, 결국 그것을 끝까지 옹호하고 심지어 목숨까

5) [역자 주] 서양에서는 사다리 아래를 지나거나 실내에서 우산을 펴는 것을 불운을 부르는 행동으로 여긴다. 사다리는 신성한 삼각형을 훼손한다는 믿음과 더불어 낙하 사고의 위험 때문이며, 금속우산을 실내에서 펴면 다칠 수 있다는 빅토리아 시대의 관습에서 유래되었다.

6) [역자 주] 원문의 'knock on wood'는 불운을 막거나 좋은 일이 계속되기를 바라는 뜻으로 나무를 두드리는 서양의 미신에서 유래된 영어 표현이다. 고대 유럽에서는 나무에 신이 깃들어 있다고 믿었고, 나무를 두드리면 악령을 쫓거나 신의 보호를 받을 수 있다고 여겼다.

지 거는 신봉자들이 생긴다."[7] 이상한 믿음이 그렇게 오래 지속된다는 것은, 결국 우리가 그런 말도 안 되는 신념으로부터 완전히 벗어나지 못한다는 뜻이다. 인간은 불안에 쉽게 휘둘리는 존재이기 때문에, 언제나 인과관계와 의미를 찾아 헤맨다. 결국 인간이라는 존재는 늘 논리적 망상logical delirium과 함께 살아간다.

인간은 본질적으로 불안에 쉽게 휩싸이고, 남의 말에 잘 휘둘린다.

이성적 판단의 한계

어리석음은 복잡하고 논쟁적인 주제로 지금까지 다양한 각도에서 탐구됐다. 특히 철학자나 사회학자, 심리학자들이 꾸준히 관심을 가져온 주제이다. 심리학자는 어리석음을 흔히 인지적 편향cognitive bias이나 판단 오류의 결과로 해석한다.[8] 실제로 주요 심리학자의 설명에 따르면 비이성적 신념과 그에 따른 어리석은 행동은 인간의 인지적 한계에서 비롯된다.

다행히 인간의 인지와 의사결정에 관한 연구를 통해, 이처럼 강한

7) Isaac Asimov (1971 [August 1970]). *The Stars in Their Courses*. New York: Doubleday, p. 36.
8) Dan Arieli (2009). *Predictably Irrational, Revised and Expanded Edition: The Hidden Forces That Shape Our Decisions*. New York: HarperCollins.

편향이 생기는 이유를 더 잘 이해하게 되었다. 연구 결과는 인간이 결코 합리적이고 최적화된 논리로 판단하는 존재가 아니라는 점을 분명히 말해준다. 노벨 경제학상 수상자인 허버트 사이먼Herbert Simon은 인간이 이성적으로 판단하는 데 분명한 한계가 있다고 결론지었다.[9] 또 다른 노벨 경제학상 수상자인 이스라엘 심리학자 다니엘 카너먼Daniel Kahneman 역시 사이먼의 주장을 뒷받침하며, 인간은 빠르게 사고하기도 하고, 천천히 사고하기도 한다고 주장했다. 즉 인간은 상황에 따라 직관적으로 빠르게 사고할 수도 있고, 이성적으로 천천히 사고할 수도 있다는 것이다.[10]

신경과학자들도 이 논의에 가세해 이성적 사고를 관장하는 뇌의 전두엽frontal lobe이, 위협 자극을 처리하는 원시적 구조의 편도체amygdala에 의해 쉽게 제어될 수 있다는 사실을 밝혀냈다.[11] 본질적으로 빠른 의사결정과 신중한 의사결정을 구분한다는 것은, 어떤 상황에서는 느리고 신중한 정보처리 방식이 오히려 적절하지 않을 수 있다는 점을 시사한다. 빠른 의사결정이 요구되는 비상상황에서는, 모든 것을 계산하며 신중하게 결정하는 방식은 적절하지 않다. 인지심리학자나 신경과학자들이 이런 패턴을 연구하기 훨씬 이전에, 17세기 프랑스의 작

---

9) Herbert Simon (1947). *Administrative Behavior: A Study of Decision-Making Processes in Administrative Organizations*. New York: MacMillan.

10) Daniel Kahneman (2012). *Thinking Fast and Slow*. New York: Penguin.

11) Rupa Gupta, Timothy R. Koscik, Antoine Bechara, and Daniel Tranel (2011). "The Amygdala and Decision-making." *Neuropsychologia*, 49(4), 760–766.

가 라로슈푸코François Ducde La Rochefoucauld는 이렇게 말했다. "열정은 때때로 가장 똑똑한 사람도 바보로 만들고, 가끔은 가장 어리석은 사람을 똑똑해 보이게 만들기도 한다."[12)]

인지적 편향

이러한 의사결정 방식의 차이를 고려할 때, 어리석은 행동에서 자주 드러나는 한 가지 뚜렷한 인지적 편향은 확증편향confirmation bias이다. 우리는 기존에 가지고 있던 신념이나 가설을 뒷받침하는 정보는 선호하지만, 그에 반하는 정보는 무시하거나 배제하려는 성향을 갖고 있다. 의사결정 과정에서 흔히 나타나는 또 다른 인지적 편향은 앵커링anchoring 효과다. 결정을 내릴 때 처음 접한 정보anchor에 과도하게 영향을 받는 성향을 말하며, 그 정보가 나중에 전혀 관련이 없거나 의미 없는 것으로 밝혀져도 마찬가지다.

> 우리는 기존에 가지고 있던 신념이나 가설을 뒷받침하는 정보는 선호하지만, 그에 반하는 정보는 무시하거나 배제하려는 성향이 있다.

나아가 인간은 자신에 대한 과신 효과overconfidence effect에도 쉽게 빠진다. 이는 자신이 가진 능력이나 지식, 믿음의 정확성을 실제보다 과

12) François Duc de La Rochefoucauld (1871 [1665]). *Reflections; or Sentences and Moral Maxims*. Translated by J. W. Willis Bund and J. Hain Friswell. London: Simpson, Low, Son, and Marston, Maxim 6.

대평가하는 성향을 말한다. 즉, 결과가 기대와 다르게 나와도 그 원인이 자기 행동에 있다는 사실을 인식하지 못한다. 이 뿐만 아니라, 어리석은 사람은 다른 사람의 역량을 제대로 알아보지 못한다.

근본적 귀인 오류fundamental attribution error 또한 관련이 있다. 근본적 귀인 오류는 다른 사람이 어리석어 보이는 행동을 할 때, 그 원인을 상황적 영향과 같은 외부 요인보다 그 사람의 성격이나 기질과 같은 내부 요인으로 지나치게 돌리는 성향을 말한다.

어리석은 결정을 내리는 또 다른 이유로 집단사고groupthink가 있다. 집단 내에서 비판적 검토보다 합의와 동조를 더 중시하는 경향으로, 잘못된 의사결정으로 이어지는 또 하나의 인지적 편향이다.

이 외에도 다양한 인지적 편향이 존재한다. 예를 들어 매몰비용 오류sunk cost fallacy는 더는 의미가 없는 것이 분명해졌음에도, 이미 투자한 시간이나 돈, 자원을 아깝게 여겨 계속 매달리는 성향이다. 또 다른 편향인 가용성 편향availability heuristic은 실제로는 대표성이 없거나 통계적으로 부정확한 정보라도, 기억에 쉽게 떠오른다는 이유만으로 판단의 근거로 삼는 성향이다. 즉, 상관관계correlation가 없는 상황에서도 인과관계causality가 있다고 믿는 것이다.

이처럼 다양한 인지적 편향은 스트레스 상황에서 빠르게 결정을 내리기 위해 의사결정 과정을 단순화하려는 도구이다. 진화론적 관점에서 보자면, 선사시대 조상은 생존이 걸린 상황에서 즉각적 판단이 필요했고, 그로 인해 늘 빠르게 반응하는 방식에 익숙해질 수밖에 없었다. 천천히 숙고한다는 것은 생존에 치명적인 결과를 초래할 수 있었기 때문이다. 그들은 어떤 이야기를 듣자마자, 그 행동이 이후에 적절하든 어리석든 상관없이, 즉시 행동으로 옮기는 데 훨씬 더 익숙했다. 그 결과 우리는 여전히 그 진화의 흔적을 드러내며, 두려운 상황이 생기면 완전히 바보 같은 행동을 하고 만다. 우리는 '투쟁-도피flight-flight 반응'[13]을 쉽게 보이는데, 이는 현대 사회에서도 반복적으로 나타나는 원시시대 행동 양식이다.

물론 이런 원시적 기원에서 비롯된 인지적 한계를 더 이해하게 된 만큼, 이러한 편향들이 반드시 어리석음을 의미하는 것은 아니라는 점도 함께 이해할 필요가 있다. 이것은 인간이라면 누구나 쉽게 빠질 수 있는 인지적 편향의 결과일 뿐이다. 그렇지만 이러한 인지적 편향에 대해 충분히 이해하고 있는 만큼, 이런 편향으로 인해 개인적 불행이 초래되지 않도록 늘 자각하고 있어야 한다. 우리가 모두 이런 인지적 편향에서 비롯된 어리석음을 어느 정도 지니고 있는데도, 안타깝게도 일부 사람들은 자신은 그 모든 편향을 극복할 수 있다고 믿고 있다.

디지털 시대의 어리석음

원시적 기원이 여전히 남아 있다는 것은, 어리석음에 관해서는 인간이

13) [역자 주] 스트레스나 위협 상황에서 교감신경계가 활성화되며 나타나는 신체 반응이다. 몸은 심장 박동, 호흡, 혈압을 높여 싸우거나fight 도망치기flight에 대비한다. 이 용어는 미국 생리학자 월터 캐넌Walter Cannon이 1932년에 처음 사용했다.

매우 더디게 배운다는 점을 분명히 말해준다. 그리고 이 어리석음의 여정은 끝없이 이어지는 듯하다. 실제로 지금 이 시대는 어리석음의 황금기라고 불러도 과언이 아니다. 특히 소셜 미디어의 폭발적 성장 덕분에 인간의 어리석음은 그 어느 때보다 적나라하게 드러난다. 과거에는 단지 어리석어 보인다고 여겨졌던 사람이, 이제는 스스로 자신의 어리석음을 대중 앞에 입증하는 시대가 되어 버렸다. 이에 대해 이탈리아 작가 움베르토 에코Umberto Eco는 이렇게 지적한다.

> "소셜 미디어는 수많은 바보에게 발언권을 부여했다. 예전에는 그들이 술 한잔 걸친 뒤 바에서나 중얼거리던 말은 전체 공동체에 아무런 해를 끼치지 않았다. 그렇지만 이제는 그들이 노벨상 수상자와 똑같은 수준의 발언권을 갖게 되었다. 바보들의 집단 공격이라 할 만하다."[14)]

소셜 미디어는 어리석음을 더 부추기고 있다. 너무 많은 언론이 소셜 미디어에 넘쳐나는 이야기를 그대로 증폭하는 스피커로 전락해 버렸다. 이런 소셜 미디어 플랫폼에 콘텐츠를 올리는 사람 상당수는 별다른 의미도 없고, 때로는 어리석은 생각을 그냥 쏟아내고 있다. 안타깝게도, 많은 사람이 그런 생각을 비판 없이 수용하고, 그대로 믿는다.

이런 점에서 우리는 지금 일종의 탈진실post-truth[15)] 시대를 살고 있

14) Nicoletti, G. (11 June 2015). "Umberto Eco: 'Con i social parola a legioni di imbecilli.'" *La Stampa* (The Press). Turin.

15) [역자 주] 객관적 사실보다 감정이나 개인적 신념이 여론 형성에 더 큰 영향을 미치는 현상. 2016년 옥스퍼드 영어사전에 올해의 단어로 선정되었으며, 정치적 선동과 거짓 정보 확산이 일상화된 시대를 설명하는 핵심 개념으로 사용된다.

다. 공적 담론의 경계는 갈수록 모호해지고, 사실과 허구를 구분하기조차 어려운 말들이 매일 쏟아지고 있다. 우리는 너무 쉽게, 그리고 너무 자주 오류와 거짓말에 속아 넘어간다. 그 결과 가짜 세계가 진짜 세계를 대체할 위험에 놓이게 되었다. 여기에 더해, 사람들의 반응을 적극적으로 끌어내기 위해 단순하지만, 자극적인 헤드라인이 이 모든 흐름을 더욱 부추기고 있다. 본질적으로, 미디어를 장악한 사람은 자신의 어리석은 생각을 가능한 한 많은 사람에게 전파하려 한다. 그들은 충격적이고 자극적인 정보를 전달할수록 사람들이 더 적극적으로 반응한다는 사실을 잘 알고 있다. 이런 점에서 소셜 미디어는 맹목적 신념과 집단적 선동이 담긴 이야기가 확산되기에 더없이 적합한 공간이 되었다. 이곳에서는 소수의 비주류 문화나 음모론이 순식간에 주류 담론으로 자리 잡는다.

집단 심리group psychology

거시적 관점에서, 한 사람의 어리석음이 집단에 미치는 영향을 결코 과소평가하면 안 된다. 우리는 본능적으로 집단 행동을 따르려는 성향이 있어 주변 사람의 행동을 곧잘 따라 한다. 이런 맥락에서 어리석음은 전염되기 쉽고, 그래서 큰 위험을 초래할 수 있다. 미국의 사상가이자 과학자인 벤저민 프랭클린Benjamin Franklin은 이렇게 말했다. "바보들은 힘들여 잔치를 벌이고, 영리한 자가 그 덕을 본다."[16)]

16) Richard Saunders [Benjamin Franklin] (May 1733). Poor Richard, 1733. *An Almanack for the Year of Christ 1733*. Philadelphia, PA: B. Franklin.

바보와 함께 있으면, 당신도 바보가 될 수 있다.

집단사고는 균형 잡힌 판단력을 떨어뜨린다. 바보와 함께 있으면, 당신도 바보가 될 수 있다. 그리고 많은 사람이 비합리적인 이론을 받아들이기 시작하면, 다른 사람도 거기에 동조해야 한다는 압박을 느낀다. 이런 상황에서는 "전체는 부분의 합보다 크다."라는 말은 더는 성립하지 않는다. 심지어 가장 평범하고 선량한 지식인조차 명백히 터무니없는 생각을 믿고, 그 생각을 자신의 이야기 속에 담아 퍼뜨리기 시작한다. 그러므로, 당신이 상대하고 있는 사람이 바보인 척하는 영리한 사람인지, 아니면 자기 말에 진심인 어리석은 사람인지를 잘 판단해야 한다.

이 모든 사실을 알고 있으면서도, 사람들은 여전히 자기 주변에 얼마나 많은 어리석은 사람이 있는지를 제대로 인식하지 못한다. 더구나 부와 권력이 걸려 있으면, 어리석음의 영향력은 더 커진다. 패리스 힐튼Paris Hilton이나 킴 카다시안Kim Kardashian 같은 소셜 미디어 인플루언서의 기행奇行을 좇든, 뱅크먼-프리드Samuel Bankman-Fried 같은 인물이 부추긴 비트코인bitcoin 환상에 현혹되든, 오늘날 어리석음은 여전히 당당하게 미화되고 있다. 실제로, 어리석은 사람 가운데는 다른 사람의 관심이나 명성, 돈, 권력, 지위에 중독된 사람이 많다. 한때 상식이라 여겨졌던 가치는 이제 터무니없는 어리석음으로 대체되었다.

더욱 우려스러운 점은, 비판적 사고가 이제는 부담이자 위협으로 간주된다는 사실이다. 오늘날 어리석음이 확산하는 현상이 사회 곳곳에서 목격된다. 셀럽의 일상이나 어리석은 행동을 추종하는 문화는 물론, 사회와 조직을 이끄는 리더의 담론과 정책 속에서도 이 같은 어리석음은 점점 더 드러난다. 마치 이들은 자유와 진보, 관용과 박애, 그리고 입헌주의로 대표되는 계몽주의 유산이 이제는 철회되어야 한다고 믿는 듯 하다.

오늘날 우리는 점점 더 많은 나라에서, 많은 사람이 어리석기 짝이 없는 이념이나, 무책임한 정당, 비상식적인 사회운동을 아무런 비판 없이 따르는 모습을 목격한다. 이런 모든 흐름의 배후에는 언론 활용에 능한 정치인들이 있다. 그리고 이런 정치인 가운데 다수는 터무니 없는 주장을 서슴없이 펼치며 선동하고 있다. 기괴함과 어리석음, 저속함이 이제는 새로운 문화적 기준이 되고, 일부는 그것을 이상적인 지향점으로 믿기까지 한다. 더 우려스러운 것은, 이처럼 황당한 주장을 퍼뜨리는 사람이 이제는 자신의 거짓말을 스스로 믿고 있다는 사실이다. 그리고 그들의 어설픈 연기에도 많은 사람이 고스란히 다 속아 넘어가고 있다.

당신이 상대하고 있는 이들이 바보인 척하는 영리한 사람인지,
아니면 자기 말에 진심인 어리석은 사람인지를 잘 판단해야 한다.

어리석음의 선동

문제를 더 악화시키는 것은, 수많은 두려움과 설명할 수 없는 환상에 사로잡힌 인간이 오랫동안 지도자들에게 휘둘려 왔다는 사실이다. 권력을 가진 이들은 대중을 대신해 사고하고 판단하는 권리가 자신에게 있다고 여겨왔다. 그런 지도자를 따르는 사람들이 기꺼이 스스로 판단하는 권리와 책임을 포기했기 때문에, 현재 세계 곳곳에서 일어나는 수많은 불행은 이런 집단적 어리석음mass stupidity에서 비롯되었다 해도 지나친 말이 아니다. 사람들은 그런 지도자가 퍼뜨리는 이야기가 선동적이고 비이성적이든 상관없이, 아무런 의심 없이 귀를 기울인다. 현실을 둘러보면, 종교적 또는 정치적 광신자들이 이상주의, 독선, 선동적 열정에 사로잡혀 벌인 수많은 광적인 행위를 어렵지 않게 찾아볼 수 있다. 사람들은 지도자의 터무니없는 생각에 너무도 쉽게 동조했고, 그 결과 인류가 겪는 고통은 더 커졌다.

권력과 어리석음이 합쳐지면 그 결과는 항상 통제 불가능하고 위험하다. 그리고 이런 선동가 같은 지도자의 어리석은 행동은 너무나 자주 수많은 사람의 삶을 송두리째 뒤흔든다. 지금 이 순간에도 벌어지고 있는 어리석음의 끔찍한 실례가 우크라이나 전쟁Ukrainian war이다. 이 전쟁은 지도자의 어리석은 결정에서 비롯된 참사이며, 가자Gaza의 비극 또한 이와 다르지 않다. 전쟁을 벌이고 있는 양측 모두에서 겪는 고통은 실로 막대하다. 그러나 어리석은 지도자를 어리석은 사람들이 계속 지지하는 한, 그 나라 국민은 결국 자신의 어리석음이 만들어낸

수렁 속을 벗어날 수 없다. 이런 현실이 되풀이되는 것을 보면, 인류의 미래에 대해 절망감을 느끼지 않을 수 없다.

비극적 리더십

권력을 가진 사람 가운데 어리석음이 얼마나 쉽게 전염되는지를 보여주는 대표적 사례가 미국 대통령 도널드 트럼프Donald Trump의 행태이다. 현재 벌어지는 미국의 정치 상황을 보면, 그는 전 세계 수많은 정치인 중에서 단연 돋보이는 어리석음의 상징이라 할 만하다. 이런 유형의 리더를 볼 때 우리는 반드시 되물어야 할 질문이 있다. 누가 더 어리석은 사람인가? 리더인가 아니면 그를 따르는 사람인가? 확실한 사실 하나는 어리석은 사람은 언제나 자신을 추종하고 떠받드는 더 어리석은 사람을 찾는다는 것이다. 그런 점에서 트럼프는 어리석은 생각을 앞세우고, 어이없는 결과를 초래하는 황당한 이야기를 반복해 온 대표적인 사례라고 할 수 있다.

불행하게도, 언론과 이른바 지식인들까지도 이런 리더가 권력을 잡는 데 일조했고, 때론 그의 터무니없는 행동을 부추기기까지 했다. 그 결과, 사람들은 본능적으로 '투쟁-도피 반응'을 보이게 되며, 그 반응은 언제나 이성적 판단으로 이어지지는 않는다. 트럼프 같은 리더는 이러한 심리를 정확히 파악하고 철저히 이용했다. 사람들은 세상이 파국으로 치닫고 있다고 믿기 시작하면 그런 리더의 현혹적인 이야기에 더 쉽게 귀를 기울인다.

트럼프를 포함한 이런 리더는 대중 선동가를 자처하며, 자신도 거짓임을 알고 있는 주장을 속이기 쉬운 대중에게 설파한다. 물론, 거짓 주장을 반복하다 보면 자신의 거짓말도 스스로 믿게 되는 일이 얼마든지 일어난다. 그러나 사실 여부와 상관없이, 여전히 많은 사람이 이런 리더의 어리석은 주장을 지지하고 있다는 점은 놀라운 일이다. 어떤 어리석은 사람이라도 같은 이야기를 일 년 동안 매일 반복해서 말한다면, 당신도 결국 그 이야기를 믿게 되지 않을까? 트럼프의 사례를 보면, 그는 쇼처럼 연출된 언행을 통해 미국 국민의 상당수를, 판단력을 잃은 상태로 이끌었다. 그 결과, 많은 사람이 마치 사이비 종교의 신봉자처럼 맹신적 태도로 바뀌었다. 더 안타까운 것은, 그들 자신이 집단적 어리석음에 동참하고 있으며 어리석은 존재로 전락했다는 사실조차 깨닫지 못한다는 점이다.

전 세계적으로 집단적 어리석음을 조장하고 이용하는 사람이 점점 늘고 있다는 것은 비극적 현실이다. 권력을 가진 일부 리더는 '피리 부는 사나이Pied Piper'[17]처럼 자기 뜻대로 사람들을 움직이는 방법을 알고 있으며, 그렇게 하면 많은 사람이 자신을 따를 것이라는 사실을 확신하고 있다. 그들은 대중을 현혹하는 방법을 터득하고, 그들이 설파하는 터무니없는 말이라도 믿고 싶어하는 대중의 욕망을 교묘히 이용하는 데 능숙하다.

이 끝없이 반복되는 정치적 선동은, 집단 역동이 얼마나 강력한 힘

17) [역자 주] 독일 하멜른Hameln의 전설에 나오는 인물로, 피리 소리로 쥐 떼를 유인해 마을에서 몰아낸 뒤 약속한 보상을 받지 못하자 아이들까지 데리고 사라졌다는 이야기에서 유래한다. 대중을 유혹하거나 선동하는 인물을 상징한다.

을 가졌는지, 그리고 사람들이 카리스마 있는 리더의 말에 얼마나 쉽게 휘둘리는지 잘 보여준다. 이런 리더는 정신적 역동을 이용하여, 감정에 휘둘려 판단력이 흐려진 사람의 마음을 자신의 이야기로 교묘히 파고들며 조종한다. 그 결과, 이런 리더를 따르는 사람은 그 집단의 행동이 비이성적이고 자기 자신에게 불리한 것일지라도 쉽게 동조하게 된다. 한편, 이런 리더는 대중 앞에서 신화와 마법이 섞인 무대극을 펼치듯, 개인과 집단이 품고 있는 환상을 자신의 카리스마로 부추긴다.

이런 관점에서 보면, 좌우나 중도를 불문하고, 사람을 현혹하는 자질과 술책을 갖춘 지도자는 얼마나 위험한 존재인지 분명히 인식해야 한다. 그들은 원래 평온하게 지내던 사람들을 끌어내어 혼란과 선동이 가득한 세계로 이끌고, 광란의 집회에 참여시키며, 끝없는 거짓말에 귀를 기울이게 하고, 결국 사기성 짙은 대의명분에 돈까지 바치게 만든다. 트럼프의 사례에서 보듯, 가장 목소리가 크고, 강한 확신과 열정을 보이는 사람이 결국 주도권을 차지한다. 열정은 가장 똑똑한 사람도 어리석게 만들고, 가장 어리석은 사람을 똑똑해 보이게 만들 수도 있다. 오늘날 정치판이 보여주는 온갖 어처구니없는 행태를 볼 때 어리석은 말이 가진 묘한 설득력을 과소평가해선 안 된다. 특히 그 어리석음이 절대적 확신에 가득 찬 상태로 전달될 때는 더욱 그렇다. 실제로 독일의 정치 풍자작가 칼 크라우스Karl Kraus는 이 점을 날카롭게 꼬집었다. "선동가의 비밀은 자신을 청중만큼 어리석어 보이게 만드는 것이다. 그러면 청중은 자신이 그만큼 똑똑하다고 착각하게 된다."[18)]

18) Karl Kraus (1976). *Half Truths & One-and-a-Half Truths*. Karl Kraus: Selected Aphorisms. Quebec: Engendra Press.

많은 사람은 자신이 이런 집단적 광기folie des masses(group insanity)에 가담하고 있다는 사실조차 인식하지 못한다. 나폴레옹Napoleon Bonaparte은 이런 현실을 이미 간파하고 "정치에서 어리석음은 결코 장애물이 아니다."라고 말했다.[19]

리더의 어리석은 메시지에 이끌려 그 집단에 속하게 되면, 사람들은 현재 어리석은 결정이 이전보다 훨씬 더 큰 위험을 초래하고 그 대가 또한 더 커졌다는 사실을 잊어버린다. 결국, 단 한 명의 바보가 어처구니없는 판단으로 붉은 버튼을 한번 누르기만 해도, 이 세상은 순식간에 사라질 수 있다. 오늘날 점점 더 많은 리더가 어리석음을 드러내고 있는 현실을 고려하면, 우리가 살아가는 이 세상은 매우 위험하다. 그렇기에 어리석음을 무시하거나 방치하면, 그 어리석음이 쉽게 큰 재앙으로 번질 수 있다는 사실을 항상 명심해야 한다.

어리석은 사람이야말로 이 세상에서 가장 위험한 존재로 간주되어야 한다!

재앙을 부르는 성격 공식

분명, 이런 리더들을 가볍게 봐서는 안 된다. 그들은 공감 능력이 전혀 없고, 극도로 보복적이며, 남을 조종하고 착취하는 행동을 하곤 한다.

19) Jules Bertaut (ed.) (1916). *Napoleon in His Own Words*. Translated by Herbert Edward Law and Charles Lincoln Rhodes. Chicago, IL: McClurg & Co, p. 38.

그들은 자기애 성향 중에서 가장 심각한 형태로 정의되는 악성 자기애malignant narcissism의 성향을 보인다. 악성 자기애자는 단순한 자기애적 성향을 지닌 사람에 비해 공감 능력이 훨씬 더 전반적으로 결핍되어 있다. 그들은 자신의 능력이 뛰어나다고 믿을 뿐 아니라, 자신이 초래한 피해에 대해서도 어떤 죄책감이나 후회도 느끼지 않는다.[20] 그들이 이런 행동을 일삼는 것은 어리석음에 오만함, 자기중심성egotism, 그리고 보복심까지 더해졌기 때문이다.

이런 리더의 어리석은 선동과 마주할 때는, 그가 정말 어리석은 것인지, 아니면 자신의 욕구를 채우기 위해 일부러 어리석은 척하고 있는 것인지 늘 자문해야 한다. 다시 말해, 그들이 과도한 자기애를 감추기 위해 어리석음이라는 가면을 쓰고 있을지도 모른다. 그리스 철학자 헤라클레이토스Heraclitus의 말을 빌리자면, "어리석음은 드러내기보다 감추는 편이 낫다."[21] 그렇지만 어떤 상황이든, 어리석음의 힘을 결코 과소평가해서는 안 된다. 어리석은 사람이야말로 이 세상에서 가장 위험한 존재로 간주되어야 한다!

---

20) Manfred F. R. Kets de Vries (2021). *Leadership Unhinged: Essays on the Ugly, the Bad, and the Weird*. London: Palgrave MacMillan.

21) Heraclitus (2003 [c. 500 BC]). *Fragments*. Translated by Brooks Haxton. Harmondsworth, UK: Penguin, fragment 109, p. 82.

8장.

어리석음에서 벗어나기

어리석은 자가 권력을 잡으면, 인간다움은 자취를 감춘다.

– 알렉산더 버크먼Alexander Berkman

말은 위대하지만, 침묵은 더 위대하다.

– 토마스 칼라일Thomas Carlyle

인터넷에서는 뭐든지 될 수 있는데, 왜 그렇게 많은 사람이 어리석은 사람이 되길 선택하는가? – 익명

어리석음을 향한 선전포고

스토리텔링의 주제를 이어가며 이번 장에서는 어리석은 행동을 하는 사람을 대할 때, 과연 우리가 할 수 있는 일이 있을지 보려고 한다. 그

들의 이야기를 고려할 때, 과연 그들을 변화시킬 수 있을까? 만약 그들을 변화시키려 한다면, 먼저 그 일의 어려움을 각오해야 한다. 실제로 지금까지 많은 사람이 그것을 별로 가능성 없는 일로 치부해버렸다. 성경 잠언은 이렇게 말한다. "미련한 자는 명철明哲을 기뻐하지 아니하고 자기의 의사를 드러내기만 기뻐하느니라…"[1)]

그리고 1801년, 독일 극작가 실러Friedrich Schiller는 이렇게 썼다. "어리석음에 맞서는 것은 신들조차도 헛된 일이다."[2)] 어리석은 사람은 아무리 설득해도 바뀌지 않는다고 많은 사람이 믿고 있다. 결국 우리는 종종 자신이 얼마나 어리석은지 모르는 사람과 마주하게 된다. 그들은 자기 확신이 너무 강해서 자신과 다른 관점을 받아들이는 것이 불가능하고, '어리석다'는 지적은 전혀 통하지 않는다.

모를수록 더 강하게 확신한다

앞 장에서 다룬 인지적 편향의 관점에서 보면, 사람들은 아는 것이 적을수록, 자신이 옳다고 더 확신하는 경향이 있다. 이런 전제를 고려하면 어리석은 생각을 고수하는 사람이 그렇게 확고한 태도를 보이는 것도 당연하다. 그들은 자기 생각을 바꾸는 것을 아예 고려하지 않는다.

---

1) 성경 개역개정판, 잠언 18장 2절

2) Friedrich Schiller (1899 [1801]). *Die Jungfrau von Orleans [The Maid of Orleans]*. Translated by Anna Swanwick. Philadelphia, PA: David McKay, Act III, Scene vi.

미국의 시인 제임스 로웰James Russell Lowell은 이런 성향을 안타까워하며 말했다. "바보와 죽은 사람만이 자신의 의견을 바꾸지 않는다."[3] 이처럼 지나친 자기 확신은 그들을 더 상대하기 어렵게 만들고, 여기에 자기애적 행동까지 더해지면 상황은 훨씬 더 심각해진다. 이들은 권력과 통제력을 추구하기 때문에, 아무리 많은 반론이 제기되어도 자기 뜻을 끝까지 고수하며, 자신의 어리석음을 절대 인정하지 않는다. 대신, 자신의 어리석음을 오히려 다른 사람에게 돌린다. 고대 그리스의 비극 작가 에우리피데스Euripides는 이것을 이렇게 표현했다. "어리석은 자에게 이성적으로 말하면, 그는 도리어 당신을 어리석다고 말한다."[4]

사람들은 아는 것이 적을수록, 자신이 옳다고 더 확신한다.

사실 어리석은 사람과 논리적으로 대화를 시도해 본 사람이라면, 그 대화가 얼마나 답답하고 혼란스러운 경험인지 이미 알고 있을 것이다. 대부분 그들은 당신의 말을 전혀 들으려 하지 않으며, 대화는 아무 진전도 없이 끝나버린다. 어리석은 사람과 맞서 논쟁하는 것은, 오히려 그 어리석음을 더 굳혀 줄 뿐이다. 더 나쁜 것은, 논리적으로 설득하려 할수록 오히려 그들의 자기 확신은 더 강해진다는 것이다. 자신

3) James Russell Lowell (1871). *My Study Windows*. Cambridge, MA: Welch, Bigelow & Co, p. 166.

4) Euripides (1959 [405 BC]). "The Bacchæ." In David Grene and Richmond Lattimore (eds.), *Euripides V*. Translated by William Arrowsmith. The Complete Greek Tragedies. Chicago, IL: University of Chicago Press.

의 선입견에 반하는 사실은 철저히 외면하고, 자신이 틀렸다는 논거는 근거 없는 주장처럼 치부해 버린다. 대신, 그들은 자기 뜻을 바꾸지 않기 위해 사실을 왜곡하려 한다.

자신이 틀렸다는 것을 보여주는 증거는 가볍게 무시하거나, 그저 예외적인 사례에 불과하다고 치부해 버린다. 이런 사람은 '왓어바우티즘whataboutism'[5]이라 불리는 행동을 하는데, 이는 비판적인 질문을 받아들이지 않고, "그러는 너는?"이라는 공격적인 질문으로 맞받아치는 태도다. 이런 방어적 반응은 그들이 진정한 이해나 제대로 된 지식을 무시한다는 것을 드러낸다. 그들은 배우려 하지 않고, 코칭하기도 어려운 사람처럼 보인다. 그들은 심지어 자신의 무지조차 자랑스럽게 여기기도 한다. 이런 사람과는 이성적인 대화가 거의 통하지 않는다. 그들과 나누는 대화, 그들이 들려주는 이야기 속에는 자신의 진짜 이야기는 없고, 구호와 유행어만 가득할 뿐이고, 허울뿐인 말에 사로잡혀, 더 이상 사실을 사실로 받아들이지 않는다. 그들은 무지에 사로잡혀 현실을 보지 못한다.

어리석은 사람과 맞서 논쟁하는 것은,
오히려 그 어리석음을 더 굳혀 줄 뿐이다.

5) [역자 주] 상대방의 주장을 무마시키고 자신이 속한 집단이나 특정 대상을 옹호하기 위해 상대방의 비판이나 질문에 직접 답하지 않고, 비판적 대응으로 되받아치며 논점을 회피하거나 반박하는 수사법을 의미한다. '물타기'로 번역한 경우가 있는데, 여기서는 번역하지 않고 영어단어의 음차를 그대로 사용하였다.

“우리는 끝까지 싸울 것입니다. We shall fight on the beaches”[6]

아무리 어려워도, 어리석음에 맞서는 노력은 계속되어야 한다. 그들과 이성적으로 대화할 수 있으리라는 희망을 버리거나, 그들의 어리석은 이야기를 바꿔 보려는 시도를 포기해서는 안된다. 어리석음이 어떤 결과를 초래할지 알면서 그대로 참고 받아들일 수는 없다. 어리석음은 전염되므로, 이에 대응할 방법을 찾아야만 한다. 나치 독일Nazi Germany의 히틀러Hitler, 중국의 마오쩌둥Mao Zedong, 캄보디아의 폴 포트Pol Pot처럼 어리석은 지도자가 자기의 왜곡된 비전을 국민에게 강요하고 주입할 때, 한 나라가 얼마나 많은 것을 잃게 되는지는 역사가 분명히 보여주었다. 그리고 현재, 이런 선동에 의한 재앙이 세계 여러 지역에서 다시 일어나고 있다. 그 대표적인 사례가 러시아다. 푸틴Putin과 그의 측근들은 국민들을 무지에 빠뜨리기 위해 의도적으로 이야기를 만들어내고 있다. 무엇보다도 자기기만과 거짓말로 명백한 현실과 사실을 가리기 위해 ‘어리석음’이라는 도구에 거의 의존하고 있다.

제도制度로 견제하기

이들을 설득하여 잘못을 바로잡으려는 일은 언제든 위험이 따른다. 그

---

6) Winston Churchill. Speech in the House of Commons (4 June 1940). Hansard HC Deb 4 June 1940 vol 361 cc787-98. [역자 주] "우리는 해변에서 싸울 것이다"는 1940년 6월 영국의 윈스턴 처칠 총리가 하원에서 행한 연설로, 어떤 대가를 치르더라도 반드시 하겠다는 의지를 비유적으로 묘사하였다.

들은 쉽게 공격적으로 변하기 때문에, 그들의 행동을 최대한 빨리 바로잡아야 한다.

사회 전체의 관점에서, 어리석음에 맞설 수 있는 가장 강력한 수단은 제도적 안전장치를 마련하는 것이다. 한 나라의 시민들은 건강한 시민 문화를 형성하기 위해 끊임없이 노력해야 하며, 정부에 다양한 방식으로 영향력을 행사하고 자신의 목소리를 낼 수 있는 사회를 만들어야 한다. 특히, 강하고 독립적인 사법부는 어리석은 행동을 경계하고 제어하는 데 가장 확실한 견제 장치가 될 수 있다. 최근 사례로, 미국에서 트럼프의 대선 결과를 무력화하려는 시도에 대해 사법부가 얼마나 강력하게 경계선을 그었는지 분명히 볼 수 있다.[7)]

또한 이런 사람들이 거짓 정보를 퍼뜨리는 일을 막기 위해 추가적인 입법이 필요하다. 가짜 뉴스의 확산을 방지하기 위한 법적 수단이 있어야 한다. 가짜 뉴스로 인해 개인이 피해를 보거나, 조작된 이야기가 현실을 왜곡하는 경우, 피해자는 정당하게 명예훼손 소송을 제기할 수 있어야 하고, 이에 대한 제도적 지원책도 마련되어야 한다.

아마도 가장 중요한 것은, 음모론으로 인한 희생자가 생기지 않도록 적극적인 조치를 취하는 일이다. 불행히도, 허용할 수 있는 표현의 범위를 명확히 정의하기 어렵기 때문에, 잘못된 정보의 확산을 규제하

7) [역자 주] 2020년 11월 46대 미국 대통령 선거 직후, 선거 결과에 불복하여 당시 현직 대통령인 도널드 트럼프가 선거 절차, 투표 집계 및 투표 인증 절차에 대해 이의를 제기하는 여러 건의 소송을 제기하였는데 모두 증거 부족이나 자격 부족으로 기각되거나 취하되었다. 참고로 이 책은 도널드 트럼프가 2024년 11월 47대 미국 대통령 선거에서 당선되기 전인 2024년 9월에 출판되었다.

는 일은 결코 쉬운 과제가 아니다. 그러나 무엇보다 중요한 것은, 이러한 법적 조치를 마련하는 동시에, 표현의 자유를 보호하는 데도 최대한 노력해야 한다는 점이다.

풍자의 힘

어리석음에 대응하기 위한 수단으로 풍자satire를 떠올리기 쉽지 않지만, 비상식적인 요소를 드러내는 것은 어리석은 생각에 맞서는 데 강력한 방법이 될 수 있다. 재치 있는 유머는 상대를 공격하거나 모욕하지 않으면서도, 성찰과 비판적 사고를 끌어내는 힘이 있다. 풍자는 특히 권력 기관이나 정부 정책, 지도층 인사 또는 어리석은 이념을 비판할 때 가장 효과적이다. 특정 인물을 공격하기보다는, 그들의 생각과 믿음, 행동을 비판하는 데 초점을 맞춰야 한다. 풍자는 주요 정책의 문제점을 다시 생각하게 만들고, 당연하게 여겼던 전제를 되짚어보는 성찰의 계기를 만든다.

이런 의미에서 풍자는 사람들로 하여금 자신의 논리를 되돌아보게 만드는 데 매우 효과적으로 사용될 수 있다. 풍자를 통해 그들이 자신의 사고방식을 되돌아보며, 변화와 성숙의 여정을 시작할 수 있기를 기대한다. 결국 필요한 것은, 그들이 자기 생각의 한계를 인식할 수 있게 만드는 이야기다. 그렇지만 이런 대화는 깊은 존중과 공감을 바탕으로 해야 한다. 어리석은 생각을 하는 사람과 정면으로 맞서는 것은 별로 효과적이지 않다.[8] 오히려, 건설적인 추론과 명확한 근거 제시, 그리고 분명한 소통이 중요하다. 인신공격하거나 상대를 얕잡아보는 듯한 태도는 진정한 소통을 어렵게 만든다. 그들이 다른 대안을 받아들이도록 만들려면, (3장에서 언급했듯이) 상대의 저항에 정면으로 맞서기보다는, 유도 경기를 하듯이 유연하게 대응하는 것이 훨씬 더 나을 수 있다.

역설적 개입

어리석음에 대처하는 또 다른 방법은 역설적 개입이다. 어리석은 행동을 하지 말라고 하기보다, 오히려 그런 행동을 더 부추기는 것이다.[9] 이 전략은 상대가 자기 행동이 얼마나 어리석은지 스스로 깨닫게 하려는 것이지만, 그만큼 위험하므로 반드시 최후의 수단으로 사용해야 한다. 말이 안 되는 것처럼 들릴 수 있지만, 이 방법의 핵심은 그들 스스로 선택하게 두는 데 있다. 자신들 행동이 감당할 수 없는 결과를 초래하면, 자신이 어리석었다는 사실이 명백해질 것이다. 그런 실패를 통해, 자신의 편협한 생각이 옳지 않았음을 깨닫고, 그로부터 배우길 기대하는 것이다. 그들이 옳고 그름을 판단하긴 어려울지라도, 상대적으

8) Manfred F. R. Kets de Vries (2023). "How to Change Someone's Mind." INSEAD Knowledge: https://knowledge.insead.edu/leadership-organisations/how-change-someones-mind

9) L. Michael Ascher (2002). "Paradoxical Intention," *Encyclopedia of Psychotherapy*, edited by M. Hersen and W. Sledge (vol. 2, pp. 331–338). Cambridge, MA: Academic Press.

로 옳은 선택과 어리석은 선택은 구별하기 쉬울 것이다. 어리석은 선택이 초래한 결과는 자신의 방식이 과연 현명했는지 되돌아보게 만드는 계기가 될 수 있고, 이 작은 의심이 자신의 어리석음을 치유하는 매우 효과적인 해독제가 될 수 있다. 결국 판단과 의사결정의 맥락에서, 누구에게나 강점과 약점이 있으며, 자신도 예외가 아니라는 사실을 먼저 깨닫게 하는 것이 중요하다.

교육의 힘

물론 쉬운 일은 아니지만, 더 일반적인 교육적 접근은 언제나 가능하다. 간단히 말해, 관련된 사안에 대해 사람들을 교육하는 것은 어리석은 행동을 막는 효과적 개입이 될 수 있다. 교육을 통해 자신의 무지를 스스로 깨닫는 것은 지나친 자기 확신과 오만함에 맞서는 하나의 방법이다. 공자는 이렇게 말했다. "아는 것을 안다고 하고, 모르는 것은 모른다고 인정하는 것, 그것이 지식의 본질이다."[10] 이런 관점에서 교육 시스템을 제대로 구축하려는 노력은 어리석음에 맞서는 데 있어 매우 중요하다.

교육의 관점에서, 인지적 편향의 영향을 줄이려는 노력도 역시 중요한 과제로 함께 다뤄져야 한다. 이런 교육도 어리석음에 대응하는

10) Confucius (475-221 BC). In Epiphanius Wilson (ed.) (1900). "The Analects of Confucius." In *Chinese Literature: Comprising the Analects of Confucius, the Shi-King, the Sayings of Mencius, the Sorrows of Han, and the Travels of Fa-Hien*. Section translated by William Jennings. London: The Colonial Press, Book II.

또 다른 개입 방식이 될 수 있다. 실제로, 비판적 사고 능력을 기르고, 의사결정 훈련을 하는 것은 어리석음을 극복하는 데 도움이 된다. 자신의 인지적 편향을 인식하면, 보다 생산적인 논의에 도움이 되고, 자기 행동을 더 깊이 통찰할 수 있다. 자신이 접한 정보를 어떻게 해석해야 하는지 배워야 한다. 자신이 관찰한 것과 다른 사람이 관찰한 것이 실제로 근거 있는 것인지 분별해야 한다. 결국 중요한 것은, 그들이 더 성찰할 수 있도록 돕는 것이다. 물론 그들이 자신의 왜곡된 믿음에서 무엇이 잘못되었는지를 깨달으려면, 정보가 더 투명하게 공유되고, 사실을 철저하게 검증하는 과정이 반드시 수반되어야 한다.

자기 이해: 선순환의 출발점

자기 이해self-knowledge는 어리석음을 치유하는 가장 강력한 해독제가 될 수 있다. 어느 정도의 자기 이해를 하게 되면, 자신의 어리석은 행동을 한 걸음 떨어져 객관적으로 돌아볼 수 있다. 자기 주변에 어리석은 사람만 있다고 늘 불평하던 사람이, 알고 보니 진짜 어리석은 사람은 자기 자신이었다는 사실을 뒤늦게 깨닫게 될지도 모른다. 다른 사람을 어리석다고 비난하지만, 실은 그 말이 자신의 무지를 드러내는 것일 수 있다. 결국 어리석음이란 논리를 받아들이지 않거나, 생각이 빈약한 데서 비롯된 결과이다.

어느 정도의 자기 이해를 갖게 되면,
자신의 어리석은 행동을 한 걸음 떨어져 객관적으로 돌아볼 수 있다.

이 장에서는 어리석음이 자기 우상화self-idolatry의 상태로 나타나는 사례를 살펴보았다. 특히 자기애적 성향이 강한 사람에게 이런 성향이 두드러진다. 그들은 자신에 대한 확신으로 가득 차 있어, 사실 다른 사람의 의견에는 관심조차 없다. 이런 사람에게는 삶을 더 현실적으로 바라보는 시각과, 자기를 돌아보는 자기 비판self-criticism 능력이 필요하다. 자기 비판 능력이 생기면 공감 능력도 함께 생기게 되는데, 공감은 어리석음에 맞서는 또 하나의 강력한 해독제다. 프랑스 화가 고갱Paul Gauguin의 말처럼, "우리는 스스로 겪어 보기 전까지는 어리석음이 무엇인지 결코 알지 못한다."[11] 인간은 공적 영역에서 자기 내면 세계를 외현화하는externalize[12] 성향이 있으므로 자기 비판 능력이 훨씬 더 중요해진다. 특히 많은 리더가 이런 성향을 드러내며 많은 사람의 삶에 해를 끼친다.

일반적으로 정부나 민간 부문 또는 다른 어떤 분야에서든 효과적인 리더가 되려면 지능, 지식, 지혜는 물론 공감과 연민까지 모두 함께 갖춰야 한다. 리더가 올바른 결정을 내려 사회 발전에 이바지하려면 비

11) Paul Gauguin (1921). *Gauguin's Intimate Journals*. Translated by Van Wyck Brooks. New York: Boni & Liveright.
12) [역자 주] 내부 감정이나 증상 등을 외부로 표출하는 행동을 의미하며, 내면의 갈등이나 스트레스를 신체적·행동적 문제로 전환하는 심리적 방어기제와 연결된다.

판적 사고 능력, 문제 해결 능력, 복잡한 문제를 다룰 수 있는 능력, 다른 사람과 협력하는 능력, 그리고 — 무엇보다 이 맥락에서 핵심인 — 어리석은 사람과 그렇지 않은 사람을 구분할 수 있는 능력이 필요하다. 우리는 이러한 자질을 자신의 이야기 속에 자연스럽게 엮어낼 수 있는 리더가 필요하다. 이런 리더가 사람들이 황당한 신념에 빠지는 것을 완전히 막을 수는 없겠지만, 적어도 어리석은 지도자와는 전혀 다른 방식으로 대중을 이끌 수 있다.

터널 끝의 빛

어리석음에 대한 이야기가 모두 암울한 것만은 아니다. 18세기 영국의 시인이자 찬송가 작가인 윌리엄 쿠퍼William Cowper의 말은 그런 면에서 약간 위안이 된다. "바보도 가끔은 우연히 옳을 때가 있다."[13] 어쩌면 여기서 이런 반론이 가능할 지 모르겠다. 때로는 사람들이 어리석은 행동을 하고, 얼핏 어리석어 보이는 이야기를 말하는 것이 필요할 때가 있다. 역사를 돌아보면, 어리석은 신하가 아니라, 오히려 궁정의 광대가 어리석은 사람의 목숨을 구했던 경우가 많았다.

13) William Cowper (1849 [1782]). "Conversation." In Grimshawe, Rev. (ed.), *The Works of William Cowper*. London: William Tegg & Co.

9장.

역경을 극복하기

나를 꺾지 못한 시련은 나를 더 강하게 만든다.

– 니체Friedrich Nietzsche

역경은 최고의 스승이다.

– 벤저민 디즈레일리Benjamin Disraeli

인내는 힘보다 강하다. 한꺼번에 뭉쳐 있을 때는 이길 수 없는 것도, 하나씩 떼어내면 조금씩 무너진다.

– 플루타르코스Plutarch

욥의 고통

인류 역사 초창기부터 사람들은 이야기 중에서도, 누군가가 역경을 이겨내는 이야기에 특히 귀를 기울였다. 역경을 극복하는 이야기는 언제나 인간의 관심을 사로잡아왔다. 분명 이런 이야기는 인간 존재의 본질을 건드리는 무언가가 있다. 많은 이야기 중에서도 우리의 상상력을 가장 강하게 자극하는 이야기는 성경 욥기일 것이다. 유대교 성경 케투빔Ketuvim 시서詩書의 세 번째 책인 욥기the Book of Job는 기독교 구약 성서로는 시가서詩歌書에 속한다. 욥기는 신앙 안에서 인간이 겪는 고통의 복합적인 모습을 깊이 있게 그려낸 이야기다. 기원전 7세기에서 4세기 사이에 쓰인 것으로 여겨지는 이 이야기는, 신앙의 힘으로 어떤 형태의 역경도 이겨낼 수 있음을 보여준다. 이 이야기는 욥이 끔찍한 시련을 겪으면서도 하나님에 대한 신앙을 저버리지 않은 과정을 그리며, 욥을 인간 고통의 대표적인 상징으로 묘사한다. 역경을 이겨내는 이야기 중 욥기보다 더 극적인 예는 좀처럼 떠올리기 힘들다.

역경을 극복하는 이야기는 언제나 인간의 관심을 사로잡아왔다.

누구나 삶에서 시련과 고난을 겪지만, 욥처럼 수많은 불행을 한꺼번에 겪은 사람은 매우 드물다. 사실 대부분 사람에게 욥이 겪은 고통은 그 범위와 깊이에서 도저히 상상할 수 없는 것이었다. 그런 점에서 욥은 선한 사람에게도 불행이 닥칠 수 있다는 사실을 보여주는 대표적인 사례이다. 그러나 그가 감당해야 하는 엄청난 시련인데도, 삶의 모든 것이 무너져 내리는 상황 속에서 끝까지 흔들리지 않는 태도를 보여주는 훌륭한 본보기라고도 할 수 있다. 이처럼 극적인 욥의 이야기를 고려할 때, "욥처럼 인내심이 강하다patient as Job."라는 표현이 생긴

것은 지극히 당연하다.

욥기에서 욥은 하나님을 경외하고 늘 악을 멀리하는 의로운 사람으로 등장한다. 그는 올곧은 사람이었을 뿐만 아니라, 광대한 토지와 수많은 가축을 소유한 부자이기도 했다. 또한 그는 아들 일곱과 딸 셋을 두었다. 이처럼 큰 축복을 누리는 욥은 분명 하나님께 큰 은총을 받은 사람처럼 보였다.

그러나 사탄Satan은 욥이 이렇게 복을 누리고 사는 모습이 못마땅했다. 욥이 하나님의 축복을 누리는 것을 시기한 어둠의 천사 사탄은, 하나님 앞에서 욥을 모함했다. 처음에 하나님은 욥의 경건함이 그가 누리는 물질적 풍요 때문이라는 사탄의 주장을 일축했다. 오히려 하나님은 욥이 의롭고 항상 악을 멀리하는 자라는 것을 강조했다. 그렇지만 사탄이 욥의 경건함이 하나님께 받은 물질의 축복 때문이라고 거듭 주장하자, 하나님은 욥의 믿음을 시험해 보기로 했다.

욥의 신실함을 사탄에게 증명하기 위해 하나님은 사탄이 욥의 모든 재산을 앗아가도록 허락했다. 그 결과, 욥에게 재앙이 꼬리를 물고 일어났다. 자녀들의 죽음을 시작으로 종과 가축이 몰살당하고, 결국 그의 모든 소유가 순식간에 사라져 버렸다. 소유를 다 잃은 것도 모자라, 욥은 심한 병에 걸려 극심한 고통에 시달리게 되었다. 그러나 욥은 모든 재앙과 고통 속에서도 하나님에 대한 믿음을 잃지 않았다. 그는 여전히 하나님의 뜻은 선하고 의롭다고 고백하며 말했다. “주신 이도 여호와시요 거두신 이도 여호와시오니, 여호와의 이름이 찬송을 받으실지니이다.”[1)]

1) 성경 개역개정판, 욥기 1장 20-21절

마침내 모든 고난을 견뎌낸 욥은, 자신의 변함없는 믿음을 모두에게 증명한 뒤 다시 하나님의 축복을 받았다. 건강을 회복한 그는 다시 일곱 아들과 세 딸을 얻었고, 이전보다 두 배나 많은 가축을 소유하게 되었다. 그리고 남은 생을 풍요로운 가운데 경건하고 행복하게 살았다.

물론 고난이 의미하는 바는 개인마다 다를 수 있다. 우리가 마주한 고난을 어떻게 받아들이고 견뎌내는지는 개인의 사회경제적 지위, 문화적 배경, 성별, 종교적 신념 등 다양한 요소에 따라 달라진다. 여전히 스토리텔링의 관점에서, 욥의 이야기는 고통과 슬픔을 마주하고 견디는 방법에 대해 중요한 교훈을 전해준다. 그는 인간으로서 감당하기 힘든 비극을 겪었지만, 끝까지 포기하지 않고 잘 견뎌냈다. 따라서 욥기에서 우리가 얻는 가장 큰 교훈은, 인간은 고난을 극복할 수 있다는 것이다. 분명히 욥이 겪은 고난은 굳건함, 인내 그리고 끈기의 본보기이다. 그렇지만, 이 이야기의 또 다른 메시지는, 고난은 인내를 낳고, 인내는 인격과 용기를 길러준다는 데 있다. 욥은 분노와 원망에 휩쓸리지 않았고, 분명 죄를 지었기 때문에 벌을 받았을 것이라는 사람들의 비난에도 흔들리지 않았다. 그는 끝까지 자신의 믿음과 신앙을 지켰다. 욥의 이야기는 고통을 통해 더욱 단단해지는 한 영혼의 모습을 보여준다. 고난을 통해, 사람은 자신의 본모습을 마주하게 된다.

고난을 통해, 사람은 자신의 본모습을 마주하게 된다.

고난 속에서 하나님께 울부짖는 욥의 기도는, 인간이 고통의 의미를 이해하려 애쓰는 존재라는 것을 상징적으로 보여준다. 슬픔과 절망, 탄식으로 가득한 욥의 기도가 우리 모두의 마음에 깊은 울림을 주는 것도 그 때문이다. 또한 이 비극적인 이야기는 고통은 인간이라면 누구나 겪어야 할 삶의 일부임을 말해준다. 그렇지만 이렇게 슬픔으로 가득한 이야기인데도, 욥기는 희망의 이야기다. 이 이야기는 역경이 큰 고통을 가져오지만, 동시에 그 안에 긍정적인 면도 있다는 것을 우리에게 말해준다. 삶에서 큰 시련을 겪은 사람은, 그 경험을 통해 이전과는 다른 시선으로 세상을 바라보게 된다. 고통은 자기 자신과 세상을 더 깊이 이해하게 만들며, 고통으로 인해 자신이 진정 어떤 존재인지 깨닫는 계기가 되기도 한다. 사실, 역경은 자기 자신을 더 깊이 이해하게 만들고, 때로는 새로운 도전에 나서게 하는 강력한 동기가 된다.

역경의 극복

사도 바울The Christian apostle Paul은 "환난은 인내를, 인내는 연단을, 연단은 소망을 이룬다."라고 말했다.[2] 이 말은 사람들이 역경을 통해 개인적인 성장을 이룰 수 있다는 뜻이다. 직관적으로는 그럴듯해 보이지만, 반드시 덧붙여야 할 점이 있다. 트라우마 같은 극심한 경험은 사람마다 전혀 다르게 작용한다. 어떤 사람에게는 트라우마를 회복하는 일이 매우 어려울 수 있다. 따라서 욥의 이야기처럼 고난을 이겨낸 이야

2) 성경 개역개정판, 로마서 5장 3-4절

기를 듣는 것은 분명 의미 있지만, 고난을 겪으면 반드시 개인적으로 성장하고 회복탄력성이 생긴다고는 단정할 수 없다. 모든 사람이 욥처럼 강인한 성격을 가진 것은 아니기 때문이다.

고난을 통해 사람이 강해질 수는 있지만, 많은 사람이 믿고 싶어 하는 만큼 실제로 그런 일이 자주 일어나는 것은 아니다. 고난이 삶에 대한 새로운 통찰을 가져다줄 수 있지만, 고난이 언제, 어떻게 일어나는지는 여전히 불확실하다. 실제로 겪어본 사람이라면 알겠지만, 누구나 역경을 통해 성장하는 것은 아니다. 물론 어떤 사람은 고난을 통해 더 강해지고, 관계가 개선되거나, 자존감이 높아진다. 그렇지만 그런 일은 우리가 기대하는 것만큼 자주 일어나지 않는다. 어떤 사람에게는 자신이 겪은 트라우마 자체만으로도 감당하기 벅찰 수 있다. 예를 들어, 자녀나 부모의 사망, 자연재해, 신체적 또는 성적 폭력, 가족과 강제적 이별과 같은 극심한 경험은 깊은 정신적 상처를 남긴다. 이러한 트라우마는 삶이 송두리째 무너지는 결정적 순간이 되기도 한다. 너무 큰 역경을 만나면, 개인의 성장은 기대하기 어렵고, 오히려 깊은 절망에 빠질 가능성이 크다. 실제로 비극적 경험은 시간이 흘러도 그 영향을 완전히 지울 수 없다.

그래서 역경의 경험은 감당할 수 있는 정도라면 도움이 된다라고 말할 수 있다. 역경이 지나치지만 않다면, 외상 후 성장post-traumatic growth이라고 불리는 변화가 일어날 수 있다. 이는 인생의 위기나 트라우마를 겪은 뒤에 나타나는 긍정적인 심리 변화다. 이런 경험은 자신이 진정 어떤 사람인지를 발견하게 해주며 자기 자신에 대한 새로운 통찰을 얻고, 다른 사람과의 관계를 개선하는 계기가 되기도 한다. 예를 들어, 역경을 겪은 경험은 공감 능력과 연민을 키우는 데 도움이 된다.[3] 실제로, 힘든 경험을 해본 사람일수록 비슷한 상황에 부닥친 사람을 더 깊이 이해하고 공감할 수 있고, 지지하려는 성향이 있다. 자신이 겪은 고통을 통해, 자신뿐 아니라 다른 사람에 대해서도 더 깊은 연민을 갖게 되기 때문이다.

역경을 겪고 나면, 특히 관계 속에서 예전에는 미처 알아차리지 못했을 감사의 마음을 새롭게 깨닫게 되는 경우가 많다. 감사한 일을 적기 시작하면, 이전까지 결핍으로 느꼈던 많은 것이 점차 시야에서 사라진다. 나아가 감사를 인식하게 되면, 과거에는 스트레스로 느꼈던 일을 다시 생각하거나 다르게 바라볼 힘이 생긴다. 이것은 오직 역경을 겪은 사람만이 얻을 수 있는 것이다. 그 결과, 이제 다른 시련을 만나도, 이전보다 더 자신 있게 맞설 수 있다. 자신의 강점을 자각함으로써, 정신적, 신체적 자원을 더욱 효과적으로 활용할 수 있다. 그리고 이런 자신감이 쌓이면, 이전보다 더 잘 해낼 수 있다는 확신이 생기고, 그 확신은 더 크고 새로운 목표에 도전할 수 있는 동기를 만들어 준다. 결국, 역경을 겪은 사람은 새로운 삶의 과제를 찾고, 삶을 더 깊이 성찰하고 감사하며, 나아가 영적으로도 성장할 수 있다.

분명 역경을 극복한 이야기는 언제나 강한 힘을 지닌다. 그런 이야기를 통해 우리는 삶의 영감을 얻는다. 그래서 역경을 극복한 이야기

3) Daniel Lim and David DeSteno (2016). "Suffering and Compassion: The Link Among Adverse Life Experiences, Empathy, Compassion and Prosocial Behavior." *Emotion*, 16(2): 175-182.

가 사람들의 마음을 움직이고 감동을 주는 것이다. 욥의 이야기가 전개되는 과정은 아무리 큰 비극 속에서도 희망의 빛이 남아 있을 수 있다는 사실을 보여준다. 나쁜 일이 벌어진 상황 속에서도 좋은 일이 생겨날 수 있다는 가능성을 본다. 욥기를 읽으면 지금 내가 겪고 있는 삶의 어려움을 떠올릴 때 위안을 준다. 욥의 이야기는 여러모로, 우울한 생각에서 벗어나도록 도와주고, 어려움이 있기에 좋은 시절을 더욱 감사히 여길 수 있다는 점을 상기시켜준다.

회복탄력성

욥기는 인생이 결코 장밋빛만은 아니라는 점을 잘 보여준다. 누구도 고통과 두려움, 그리고 고난에서 완전히 자유로울 수는 없다. 그러나 회복탄력성resilience이 있다면, 고통 속에서 지혜가 자라고, 두려움 속에서 용기가 나오며, 고난을 통해 강인함이 생긴다. 역경을 극복하면서 성장을 스스로 경험하면, 오히려 힘이 더 나고 고난을 딛고 일어섰다는 성취감을 느낄 수 있다. 그리고 이러한 경험을 하면 다시 시련을 마주했을 때 더 강한 회복탄력성을 발휘할 수 있다.

회복탄력성이 있다는 것은, 앞으로 다가올 삶의 도전을 견뎌낼 수 있는 정신적, 신체적 자원을 가지고 있다는 뜻이다. 바로 이런 자원이 삶의 예기치 못한 어려움과 시련에서 다시 일어설 수 있는 내면의 힘이 되며, 자신을 정신적, 정서적 장애로부터 지켜준다. 욥의 이야기는,

역경을 견디기 위해 회복탄력성이 필요하다는 것뿐만 아니라, 때로는 회복탄력성을 기르기 위해 역경이 필요하다는 것도 말해준다.

회복탄력성이 있다면, 고통 속에서 지혜가 자라고,
두려움 속에서 용기가 나오며, 고난을 통해 강인함이 생긴다.

개인의 회복탄력성은 유전적 요인, 과거 경험, 환경, 상황적 맥락이 함께 작용하여 형성된다. 타고난 기질이나 성격 또한 중요한 요인으로 작용한다. 그러나 무엇보다도 개인의 회복탄력성 수준에 가장 큰 영향을 미치는 것은 어린 시절 부모나 주요 양육자와 같은 가까운 사람과 관계다. 분명 안정적이고, 유대감이 깊고, 질서가 있는 가족 분위기, 그리고 일상의 습관과 가족의 전통을 잘 유지하는 가정일수록 회복탄력성을 기르는 데 유리하다.

회복탄력성이 이처럼 중요하다면, 스스로 질문해 보자. "나는 어느 정도의 회복탄력성을 갖고 있는가? 지금 내 몸과 마음의 건강을 돌볼 수 있는 자원이 충분한가? 스트레스를 받을 때, 나는 나 자신을 어떻게 돌보는가? 자신의 이야기를 더 긍정적으로 말하는 법을 알고 있는가?"

욥의 이야기에서 볼 수 있듯이, 회복탄력성이 높은 사람은 자기 자신에 대한 확고한 믿음을 갖고 있다. 이들은 스트레스 상황을 감당할 자신감이 있으며, 변화에도 유연하게 적응할 줄 안다. 이들은 구체적인 목표를 달성하는 데 필요한 것을 자신이 잘 해낼 수 있다는 믿음, 즉 자기효능감self-efficacy이 높다. 회복탄력성이 있는 사람은 삶을 낙관적으로 바라보면서도 현실 감각을 잃지 않는다. 이런 점에서 회복탄력성은 현실을 직시하며 행동하는 '실용 낙관주의applied optimism'라고도 할 수 있다. 회복탄력성이 있는 사람은 부정적인 감정에 오래 머물지 않는다. 가장 절망적인 순간에도 기회를 찾고, 인지적, 감정적으로 유연한 사고방식을 지니고 있다. 이들은 뛰어난 문제 해결 능력을 갖고 있다. 주어진 상황에서 어쩔 수 없는 것은 담담히 받아들인 후, 자신이 실제로 바꿀 수 있는 것은 무엇인지 자문하는 법을 익혔다. 이들은 명확한 도덕 기준을 갖고 있으며, 자신이 지키고자 하는 가치와 분명한 목표를 향해 흔들림 없이 나아간다. 그런 점에서 이들은 상황에 끌려다니는 것이 아니라, 능동적이고 행동 지향적이다. 또한 이들은 도움이 필요할 때 주변에 도움을 요청할 준비가 되어 있다. 혼자서 고난을 이겨낼 수 없고, 또 그렇게 해서도 안 된다는 사실을 깨닫고 주변 사람들과 적극적으로 관계를 맺는다. 그리고 가치 있는 신념, 자신을 초월하는 무언가—신앙이나 영적 믿음—에 헌신하는 것이 회복탄력성을 더 강하게 한다는 것을 알고 있다. 이런 헌신은 자신의 삶에 분명한 목적을 부여한다. 또한 이들은 이타적인 태도를 갖고 있어서, 다른 사람을 배려하고, 자신보다 남을 우선시한다.

물론 이런 회복탄력성의 특성에도 — 그리고 욥이 매우 특별한 경우임을 감안하면 — 지나치게 큰 역경은 개인의 대처 능력과 주변의 지지 체계마저 모두 무너뜨려, 결국 절망과 무력감에 빠지게 만들 수 있다는 사실을 잊지 말아야 한다. 감당할 수 없을 만큼의 역경을 겪으면 삶의 균형을 잃고 무너질 수 있다. 이처럼 지나친 역경은 더는 성장의 경험이 아니라 정신 건강과 행복감에 심각한 해를 끼칠 수 있다. 달리 말하면, 고난이 지나치면 우리가 가진 대처 능력을 모두 소진해 버리게 되고, 그 여파는 개인을 넘어 가족과 친구, 사회 전체에게 큰 부담으로 작용한다. 상황이 너무 절망적으로 되면 끝없는 무너짐에 빠질 수 있다.

어려움 없는 삶을 바랄 때마다,
참나무는 맞바람 속에서 강하게 자란다는 사실을 기억하자.

요약하면, 아무리 큰 회복탄력성을 지녔다 해도 극심한 고난이 반드시 당신에게 도움이 되는 것은 아니다. 고난은 때로 사람을 더 강하게 만들기도 하지만, 그렇다고 자신을 단련하기 위해 일부러 고난을 찾아 나설 필요는 없다. 그렇다 하더라도, 고난은 나라는 존재를 다시 규정하게 만들고, 많은 경우에 내가 어떤 사람인지 분명하게 보여준다. 고난은 사람을 단단하게 만든다. 그래서 트라우마를 딛고 성장한 이야기는 강한 울림을 준다. 간디Mahatma Gandhi나 만델라Nelson Mandela의 이야기는 우리 삶에 깊은 영감을 준다. 이러한 이야기가 전하는 또 하나의 메시지는, 우리가 가장 힘든 순간—마치 판도라의 상자가 열리는 듯한 절망의 순간—에도 희망이라는 강력한 불을 일으킬 수 있는 작은 불씨가 여전히 존재한다는 것이다. 나아가 회복탄력성은 우울함이나 불안과 같은 정신적 장애를 겪지 않도록 돕는다. 분명 높은 회복탄력성은 자신의 스트레스 대처 능력에 긍정적 영향을 미친다. 회복탄력성은 우리를 더 단단하고 행복하게 만들고, 삶과 일, 인간관계에서 마주하는 어려움을 훨씬 잘 극복할 수 있는 사람으로 만들어준다. 어려움이 없는 삶을 바랄 때마다, 참나무는 맞바람 속에서 강하게 자란다는 사실을 기억하자.

역경은 사람을 만들기도 하지만,
그 사람의 본모습을 그대로 드러내기도 한다.

자신의 삶을 이야기할 때, 자신의 이야기에 무엇을 담을 것인가? 이야기를 풀어갈 사람은 바로 당신이다. 당신은 어떤 고난을 겪었고, 어떻게 그것을 이겨냈는가? 누구나 현재 자리에 오기까지 크고 작은 어려움을 경험하였다는 사실을 우리는 잘 알고 있다. 회복탄력성은 평탄한 삶에서 길러지지 않는다. 역경을 견디고 극복하는 과정에서 길러진다. 그리고 삶의 여정에서 역경은 사람을 만들기도 하지만, 그 사람의 본모습을 그대로 드러내기도 하지 않는가?

10장.

꾸며낸 이야기의 세계

옷이 사람을 만든다. 벌거벗은 사람은 세상에 거의 영향을 주지 못한다.

– 마크 트웨인Mark Twain

공화국은 법이나 제도의 개입 없이 단 한 시민의 미덕만으로도 본래의 모습으로 되돌아갈 수 있다. 한 시민이 보인 미덕의 영향력과 권위가 워낙 커서, 선한 사람은 그 미덕을 따라하고 싶고, 악한 사람조차 이를 어기는 것을 부끄러워하기 때문이다.

– 마키아벨리Niccolò Machiavelli

9장에서 욥의 이야기를 하면서, 나는 소셜 인플루언서social influencer인 나탈리의 이야기가 떠올랐다. 그녀의 이야기를 해 보자.

나탈리를 나탈리답게 만든 이야기

나탈리는 최근 몸 상태가 계속 좋지 않았다. 그런데 정확히 무엇이 문제인지 딱히 알 수 없었다. 왠지 모를 불안감이 마음을 짓눌렀고, 우울한 생각이 계속 머릿속을 맴돌았다. 현재 느끼는 불안감이 인플루언서라는 자신의 직업 때문인지 곰곰이 생각해 보았다. 처음에는 이 일이 즐겁고 보람 있었다. 그렇지만 이제는 이 일이 자신에게 너무 큰 부담으로 다가오고 있었다. 한때 재미있게 느꼈던 일이 더는 재미있지 않았다.

나탈리는 패션 브랜드의 제품을 홍보하기 위해 예쁜 사진과 동영상, 글을 소셜 미디어에 올리며 수익을 올렸다. 처음 이 일을 시작했을 때만 해도, 자신의 개성을 마음껏 표현할 수 있다는 점에서 큰 매력을 느꼈고, 경제적으로도 독립할 수 있다는 점이 만족스러웠다. 물론 나탈리가 수백만 팔로워가 있는 영화배우 같은 유명 인플루언서는 아니었지만, 그녀의 콘텐츠를 찾는 사람도 적지 않았다. 무엇보다도 그녀는 이 디지털 무대에서 자신의 이야기를 전하는 일을 무척 좋아했다.

처음에는 만족스러웠다. 그렇지만 시간이 지나자, 나탈리는 여러 소셜 미디어 채널에서 제품을 홍보하며 일정한 수입을 얻는 일이 정신적으로 큰 부담이라는 사실을 깨닫게 되었다. 당시 상황에서는 자신이 정체된 듯하고, 진짜가 아닌 거짓된 자아에 끌려다니는 기분이었다. 그럴듯한 콘텐츠를 꾸준히 올려야 한다는 압박감과 진짜 나의 모습으로 살고 싶다는 욕망 사이에서 늘 갈등했다. 게다가 항상 팔로워와 소통해야 한다는 끊임없는 압박감이 그녀 마음을 더 고갈시켰다. 이런 상황에서 이야기를 계속 한다는 것이 그녀를 지치게 만들었다. 그녀를 더 힘들게 한 것은 그녀의 이야기에 부정적으로 반응하면서 사이버 폭력에 가까운 악성 댓글을 다는 사람을 상대해야 하는 일이었다.

나탈리는 인플루언서로서 어느 정도 성공했는데도, 사람들이 왜 자신이 추천하는 제품을 사려하는지 가끔 의문이 들었다. 내가 하는 일이 도대체 무엇이 특별하지? 인플루언서 마케팅의 본질이 과연 무엇일까? 내가 소셜 미디어를 통해 이야기를 하고 사람들에게 영향을 주는 방식이 과거 마케팅 방식과는 무엇이 다른 걸까?

나탈리는 예전에 읽은 밴스 패커드Vance Packard의 『숨은 설득자The Hidden Persuaders』라는 책이 떠올랐다. 그는 광고란 특정 제품을 사게 만들기 위해 사람들의 무의식적 욕구를 건드리는 정교한 심리 전략을 사용하는 것이라고 주장했다.[1] 광고가 소비자의 무의식적 반응을 조작한다는 사실은 당시 그녀에게 꽤 충격적이었다. 그러나 정작 자신도 모르는 사이에, 매우 비슷한 일을 하고 있는 것은 아닐까?

그렇지만 나탈리가 확실히 깨달은 것이 하나 있었다. 이제 사람들이 전통적인 광고 방식에는 끌리지 않는다는 것이다. 기업이 브랜드 광고에서 내세우는 수많은 약속에 대해, 특히 밀레니얼 세대 소비자들은 점점 더 냉소적 반응을 보인다. 분명 라디오, 옥외광고, TV와 같은 전통적인 광고 매체는 이제 예전만큼 효과를 내지 못하고 있다. 대신

1) Vance Packard (1957). *The Hidden Persuaders*. New York: David McKay Company.

사람들은 점점 더 많은 시간을 디지털 채널에서 보내고 있는데, 과연 그런 전통적인 셀럽 광고를 얼마나 신뢰하는지 궁금했졌다. 그런 광고가 실제로 얼마나 효과가 있는지, 과연 진짜로 영향력을 발휘하고 있는지도 알고 싶었다. 나탈리는 많은 기업이 전통적 광고 방식이 지나치게 비싸다고 생각한다는 것도 잘 알고 있었다.

이런 점에서 인플루언서 마케팅은 훨씬 더 비용 효율적인 대안이다. 많은 기업은 인플루언서가 브랜드의 핵심 메시지를 전달하고, 인지도를 높여 매출을 끌어올리는 데 훨씬 더 효과적이라고 판단한다. 물론 나탈리는 인플루언서 사이에도 다양한 등급이 존재한다는 것을 잘 알고 있었다. 팔로워 수가 적은 인플루언서도 있지만, 카다시안 가족the Kardashians처럼 전 세계적으로 엄청난 영향력을 갖고, 어떤 이야기를 하든지 수백만 명이 그들 말에 주목하는 인플루언서도 있다.

나탈리는 전통적인 셀럽 광고와 소셜 미디어 콘텐츠 크리에이터 사이에는 사회적 거리감social distance이라는 본질적 차이가 있다는 것을 이해했다. 자신과 같은 소셜 미디어 크리에이터들이 훨씬 더 진정성 있고 신뢰할 수 있는 존재로 여겨지며, 이것이 바로 기존 광고에 지친 소비자가 진정으로 바라는 것이었다. 분명히 인플루언서가 직접 운영하는 소셜 미디어 채널이 소비자에게 더 많은 관심과 참여를 끌어내는 데 훨씬 효과적이었다.

기술이 사람들 사이의 소통 방식을 바꿔 놓았듯, 소셜 미디어 채널도 소비자가 콘텐츠에 접근하는 방식을 바꾸어 놓았다. 사실 그녀가 하는 제품 홍보는 대규모 입소문 마케팅word-of-mouth marketing과 다름없었다. 팔로워들과 가깝게 소통하려고 노력하면서, 나탈리는 어느새 자신이 많은 사람에게 롤모델이 되었다는 사실을 알았다. 자신의 라이프스타일을 보여주면서 여러 브랜드와 제품을 자연스럽게 홍보하였다. 나탈리는 인플루언서 활동이 효과를 내는 과정에서 어떤 미묘한 심리적 요인이 작용하는지 궁금해졌다. 그래서 자신의 성공에 도움이 된 몇 가지 요인을 정리해 보기로 했다.

전문가의 힘

무엇보다도 대중에게 다가가 성공적인 인플루언서가 되기 위해서는, 해당 주제에 관해 깊은 지식과 전문성을 갖추고 있다는 것을 플랫폼을 방문하는 사람에게 인정받아야 한다. 전문성을 인정받을 때만 비로소 실제 영향력을 발휘할 수 있었다. 따라서 진정한 인플루언서가 되기 위한 필수 조건은 대중에게 신뢰를 얻는 것이었다. 팔로워들이 그녀의 말에 귀 기울이게 하려면, 다른 분야의 전문가처럼 나탈리도 자신이 말하는 주제에 대해 권위 있게 보일 필요가 있었다. 사실 사람들은 본능적으로 권위자, 즉 정확한 정보를 가졌다고 믿는 사람을 따르는 성향이 있다. 나탈리 역시 패션 분야에서 오랜 기간 전문성을 쌓아온 덕분에 자신이 이미 탄탄한 평판을 얻었다는 것을 알고 있었다.

가짜 친밀감

그렇지만 나탈리는 전문성만으로는 충분치 않고, 대중과 의미 있는 연결을 맺는 것 또한 중요하다는 사실을 잘 알고 있었다. 팔로워들이 자신과 가까운 사이처럼 느끼도록 일종의 '가짜 친밀감pseudo-intimacy'을 만들어내야 했다. 그녀는 자신의 성격을 총동원해 팔로워가 직접 연결되어 있다고 느끼도록 노력했다. 카메라를 정면으로 응시하며 가상의 눈맞춤을 시도하고, 제품 소개에는 스토리텔링을 곁들였으며, 라이브 방송 중에는 '좋아요'와 댓글에 바로 반응했다. 나탈리의 이런 세심한 노력은 효과를 발휘했다. 팔로워들은 자신들과 연결하려는 나탈리의 이런 신호에 직관적으로 반응했고, 그녀와 더 가까워진 듯한 친밀감을 느꼈다. 그 결과, 셀럽의 전통적인 광고 마케팅과 달리, 나탈리와 팔로워 사이의 관계는 훨씬 더 개인적인 수준으로 이루어진 듯했다. 나탈리가 대중과 소통하는 방식만으로도 그녀는 '이웃에 사는 유명인'이 되었다. 화려한 셀럽 광고에 비해, 나탈리는 훨씬 더 현실적이고, 친근하며, 쉽게 다가갈 수 있는 존재였다.

나탈리의 소통 방식 덕분에, 팔로워들은 그녀 일상을 적극적으로 따라하며 그녀처럼 되고 싶어 했다. 그들은 언제든지 나탈리와 만날 수 있을 것 같은 상상을 하는 것 같았다. 나탈리가 자신의 이야기를 들려주며 개인적인 사진과 영상을 소셜 미디어에 공유한 덕분에, 팔로워들은 마치 나탈리에 대해 실제 직접 아는 사람과 같은 연결감과 친밀감을 느꼈다. 실제로 나탈리가 삶에서 선택하는 것, 그녀의 패션 스타일과

라이프 스타일은 많은 사람이 꿈꾸는 이상적인 모습이 되어 있었다.

겉보기에 개인적이고 단순한 감정적 교감 같지만, 자신의 경험과 사적인 순간까지 나누려는 그녀의 태도 덕분에, 팔로워들은 나탈리를 실제 친구처럼 신뢰했다. 그리고 나탈리와 심리적 거리가 좁혀진 덕분에, 팔로워들은 그녀가 추천하는 브랜드나 제품에 더 적극적으로 몰입하고 반응했다.

반복 노출 효과

나탈리는 자신의 메시지가 자주 노출될수록 팔로워의 신뢰가 깊어진다는 사실을 깨달았다. 사람들은 대체로 낯선 사람보다 익숙한 사람과 관계 맺는 것을 선호한다. 그녀가 사진과 영상을 꾸준히 올리고, 라이브 방송을 지속하는 동안, 나탈리는 팔로워의 일상에서 점점 익숙한 존재로 자리 잡아갔다. 심리학적으로 볼 때, 노출이 잦을수록 팔로워의 충성도는 높아진다는 사실을 알았다. 그래서 그녀가 특정 콘텐츠를 반복해서 보여줄수록, 사람들은 그 내용을 점점 더 자연스럽게 받아들였다. 점차 팔로워들은 나탈리의 관점을 자신의 신념과 취향 속에 녹여냈다. 그 결과 나탈리의 조언이나 추천 제품을 바탕으로 구매 결정을 내릴 가능성이 한층 커졌다.

정보 필터

나탈리는 인플루언서로서 영향력을 강화하는 또 하나의 요인을 이해하고 있었다. 일반적으로 어떤 제품을 제대로 판단하고 구매 결정을 내리기 위해서는 충분한 사전 조사와 정보가 필요하다. 그렇지만, 이 과정에서 너무 많은 정보는 오히려 사람들의 판단을 흐리고, 결정을 어렵게 만든다. 실제로 많은 사람이 올바른 결정을 내리는 데 필요한 정보를 분석하고 판단하는 일을 점점 더 버겁게 느꼈고, 그 부담을 줄이는 방법의 하나는 다른 누군가의 제안을 따르는 것이다. 이 점을 고려했을 때, 나탈리는 사람들이 인식하는 그녀의 권위와 전문성, 신뢰를 바탕으로 일종의 정보 필터 역할을 함으로써, 사람들이 꼭 필요한 정보에만 집중하게 도울 수 있었다. 정보 필터로서 나탈리가 보여주는 지식은 그녀 조언의 신뢰도를 높였고, 팔로워가 구매 결정을 내리는 데 도움을 주었다.

양떼 효과

대부분의 인간은 학습된 사회적 패턴에 본능적으로 반응하는, 이른바 '양떼처럼 행동하는 성향'을 지니고 있다.[2] 동물들의 군집 행동처럼, 사람들은 자신과 비슷하게 행동하는 사람들과 깊은 유대를 맺도록 프로그램된 탓에, 똑같은 방식으로 행동하려는 성향이 있다. 인플루언서

---

2) Manfred F. R. Kets de Vries (2024). *The Darker Side of Leadership: Pythons Devouring Crocodiles*. New York: Routledge.

마케팅은 인간의 본질적 욕구인 이 소속감을 정조준하고 있다. 이러한 심리적 행동 양식을 고려했을 때, 성공적인 인플루언서란 본능적인 군중심리herd mentality를 효과적으로 활용하는 사람이다.

즉, 팔로워들은 인플루언서가 하는 말과 행동을 자연스럽게 따라하는 것이다. 군집 동물herd animal처럼, 팔로워들은 많은 사람에게 인기 있는 것이 곧 좋은 것이라는 믿음을 갖고 있고, 다른 사람에게 인기 있어 보이는 선택을 할 때 더 큰 안정감을 느낀다. 또한 많은 팔로워를 보유하고 있다는 사실만으로도, 인플루언서는 신뢰할 만한 전문가로 인식된다. 다수의 지지가 곧 신뢰의 근거가 되는 것이다. 그 결과, 나탈리는 팔로워 수가 많아질수록 사람들의 신뢰가 높아진다는 사실을 깨달았다. 게다가 일부 사람들은 다른 팔로워들과 비슷한 선택을 하지 않으면 자신이 손해를 볼 수 있다는 우려를 하는데, 이것 역시 다른 사람의 행동을 따라 하게 만드는 이유였다.

통제력 착각

나탈리가 인플루언서로서 영향력을 발휘할 수 있었던 또 하나의 요인은 이른바 '통제력 착각the illusion of control'이라 부를 수 있는 심리 작용이었다. 전통적인 광고가 소비자에게 은근히 영향을 미치는 것과 달리, 인플루언서의 경우에는 사람들이 관심 있는 사람을 팔로우하거나, 콘텐츠를 구독하는 것을 스스로 선택할 수 있다. 전통적인 광고가 어떤 면에서는 덜 노골적으로 보일 수도 있지만, 우리가 즐겨 찾는 웹사이트나 소셜 미디어에 뜨는 디지털 광고는 종종 성가시거나, 심하면 침해받는 것처럼 여겨진다. 특히 같은 광고가 반복적으로 노출되거나, 웹페이지에서 차지하는 위치나 자신과 무관한 내용, 혹은 목표 대상 설정이 부실할 때 사람들은 무력감까지 느낀다. 이에 비해 인플루언서의 콘텐츠는 소비자에게 강요되는 것이 아니라 오히려 소비자가 선택하는 것이다. 이것은 인간의 또 다른 본능적 특성과 맞닿아 있다. 사람은 수동적으로만 받는 처지에 놓이길 원치 않고, 생존하기 위해 본능적으로 기본적인 힘과 주도권을 갖길 원한다. 나탈리 같은 인플루언서를 통해 정보를 접하는 사람들은 자신을 더 이상 광고의 수동적 소비자라고 여기지 않는다. 오히려, 팔로우할 대상과 콘텐츠를 스스로 선택하면서 자신이 통제권을 쥐고 있다고 느낀다.

> 사람은 수동적으로만 받는 처지에 놓이길 원치 않고,
> 생존하기 위해 본능적으로 기본적인 힘과 주도권을 갖길 원한다.

호혜성 원칙

나탈리는 인플루언서 마케팅에서 중요한 정신 역동으로 작용하는, 이른바 호혜성reciprocity 원칙에 대해서도 알고 있었다. 사람들은 가치 있는 것을 받으면, 받은 만큼 무언가를 되돌려줄 가능성이 훨씬 높아진다. 나탈리는 자신이 팔로워에게 영향을 미치는 과정에도 이 원칙이

그대로 적용된다는 사실을 깨달았다. 팔로워들은 나탈리와 개인적으로 연결되어 있다고 느낄수록 도와주려고 했고, 심지어 의무처럼 느끼는 경우도 있었다. 그리고 그녀가 추천하는 제품을 사는 것보다 더 좋은 보답 방식이 있을까?

사람들은 가치 있는 것을 받으면,
받은 만큼 무언가를 되돌려줄 가능성이 훨씬 높아진다.

매력 편향

나탈리는 인플루언서로 활동하며 매력 편향attractiveness bias이라는 인지적 편향에도 주목하게 되었다. 이 인지적 편향은 사회 전반에 깊이 뿌리내린 인식 구조로, 누가 유명해지고 누가 채용되는지까지 폭넓게 영향을 미친다. 일반적으로 사람들은 외모가 뛰어난 사람이 그렇지 않은 사람보다 더 똑똑하고 유능하며 사교적일 것이라고 믿는 경향이 있다. 스토리텔링 관점에서도 전통 동화 속 악한 인물은 종종 추한 모습으로 묘사되는데, 마치 외모가 내면의 성격을 드러내는 것처럼 그려진다.

이러한 매력 편향은 개인은 물론 사회 전체에 깊이 각인되어 있기 때문에 마케팅 전문가는 인플루언서 마케팅을 통해 이를 자연스럽게 활용한다. 매력 편향의 영향으로 어떤 인플루언서는 다른 사람보다 더 큰 효과를 만들어낸다. 실제로 인플루언서의 외모에서 느껴지는 매력은 그의 권위와 전문성에 대한 신뢰를 한층 더 강화할 수 있다. 예를 들어 외모가 매력적인 사람은 신뢰를 더 쉽게 얻고, 그렇게 형성된 신뢰는 그가 홍보하는 브랜드나 제품에도 긍정적인 이미지로 전이된다. 결과적으로 외모가 매력적인 인플루언서가 어떤 브랜드를 홍보하면 사람들은 그 브랜드도 매력적으로 느낀다.

전통 동화 속 악한 인물들은 종종 추한 모습으로 묘사되는데,
마치 외모가 내면의 성격을 드러내는 것처럼 그려진다.

후광 효과

영향력에 작용하는 여러 정신 역동 가운데 나탈리는 후광 효과halo effect라고 불리는 현상도 알고 있다. 이것은 어떤 사람이나 브랜드, 제품에 대해 한 분야에서 긍정적 감정을 갖게 되면, 그 감정이 다른 분야에도 긍정적으로 작용한다는 것이다. 예를 들어 어떤 사람이 한 분야의 전문가로 인식되면, 그 전문성은 다른 분야로도 쉽게 전이되어 확장된다. 나탈리는 자신의 이야기를 전할 때 이 효과를 활용해 한 분야에서 얻은 권위를 다른 분야로 자연스럽게 확장할 수 있다는 사실을 깨닫고, 이 정신 역동 과정을 적극적으로 활용했다. 이미 형성된 신뢰 덕분에 사람들은 그녀가 전문성을 갖추지 않은 분야에서도 자연스럽게 그녀의 조언을 받아들였다.

인플루언서의 딜레마

콘텐츠를 생산하는 사람과 그것을 소비하는 사람 모두에게 소셜 미디어가 장기적으로 어떤 영향을 미치는지는 아직 명확하지 않다. 그렇지만 자신의 삶을 온라인에 너무 많이 의존하면 정신 건강에 부정적인 영향을 줄 수 있다는 점은 분명하다.[3)]

소셜 미디어의 과도한 사용은 불안과 우울은 물론 신체적 이상과도 관련이 있는 것으로 보인다. 사람 간의 연대감을 높이기 위해 만들어진 소셜 미디어 기술이 역설적으로 사람들을 더 외롭고 고립된 느낌에 빠뜨릴 수 있다. 친구나 가족과 연결, 정보 탐색 등 소셜 미디어의 장점이 사이버 폭력, 온라인 상 루머의 확산, 다른 사람의 비현실적인 삶의 모습에 노출되는 것과 같은 해로운 요소들을 얼마나 상쇄할 수 있을지는 여전히 의문이다. 사실, 여기에 작용하는 수많은 심리 작용을 면밀히 살펴보면, 소셜 미디어를 통해 끊임없이 인정과 주목을 추구하는 것은 해로운 영향을 미치는 독성 요인이 된다는 결론에 이르게 된다.

즉, 심리적으로 부정적 영향을 미쳐 마음에 상처를 남기거나 더 많은 관심을 계속 갈구하게 만드는 것이다. 이러한 부정적 영향에 더해 소셜 미디어 뒤에서 작동하는 알고리즘은 자극적이고 충격적이며 때

3) Melissa G. Hunt, Rachel Marx, Courtney Lipson, and Jordyn Young (2018). "No More FOMO: Limiting Social Media Decreases Loneliness and Depression." *Journal of Social and Clinical Psychology*, 37(10): 751–768; Ujala Zubair, Muhammad K. Khan, and Muna Albashari (2023). "Link Between Excessive Social Media Use and Psychiatric Disorders." *Annals of Medicine & Surgery*, 85(4): 875–878.

로 해로운 콘텐츠를 더 부각하는 방향으로 작동한다. 결과적으로 이런 플랫폼은 사용자가 사실로 확인된 뉴스보다 가짜 뉴스에 더 많이 반응하게 만들며, 잘못된 정보의 확산을 부추긴다.

이처럼 소셜 미디어의 과도한 사용이 주는 부정적 영향이 입증되었음에도 대부분의 사람은 그 사용을 쉽게 줄이지 못한다. 그 이유는 명확하다. 많은 소셜 미디어 플랫폼이 뇌의 보상 중추reward center를 자극해 도파민 분비를 유도하기 때문이다. 도파민은 성적 흥분, 맛있는 음식, 사람들과 즐거운 교류처럼 쾌감을 주는 경험을 할 때 분비되는 화학물질이다. 실제로 다수의 소셜 미디어 플랫폼은 중독을 유도하도록 설계되어 있어, 이런 자극에 지속적으로 노출되지 않으면 사용자는 금단 증상을 경험할 수 있다. 이에 따라 소셜 미디어를 많이 사용할수록 불안, 우울, 외로움을 느낄 가능성이 높아지는 것은 당연하고, 심지어 자해나 자살 위험도 커진다는 연구 결과도 보고된 바 있다.[4] 이러한 중독 메커니즘을 이해한 만큼 인플루언서와 팔로워 모두 그에 따르는 위험을 인식해야만 한다.

인플루언서라는 존재

나탈리는 처음에는 인플루언서가 된 것이 좋았다. 그렇지만 인플루언서가 되면서 그에 따르는 책임감과 압박감이 얼마나 클지는 미처 알지 못했다. 소셜 미디어에서 이야기하기 위해 자신의 삶 전체를 투자해

4) Zubair et al. ibid.

야 한다는 것이 자신에게 얼마나 감당하기 어려운 부담으로 돌아올 수 있는지 전혀 예상하지 못했다. 시간이 흐를수록 온라인 속 삶이 그녀를 지치게 하고 숨 막히게 만들고 있다는 것을 알았다. 대중을 위해 끊임없이 새로운 콘텐츠를 만들어내야 했고, 그 과정에서 자신의 개인적 삶의 세세한 부분까지 드러내야 하는 일은 마치 자신이 닳아 없어지는 듯한 정신적 소진과 피로를 초래했다. 그녀가 이전에 말했듯이, 이야기를 계속 한다는 것은 자신을 지치게 만들 수 있는 일이다.

이야기를 계속 한다는 것은 자신을 지치게 만들 수 있는 일이다.

나탈리는 플랫폼에서 많은 팔로워를 얻게 된 후 어떤 게시물을 올려야 할지에 대해 더 큰 부담을 느끼기 시작했다. 더는 있는 그대로의 자신만 보여줄 수 없었다. 대신 점점 더 실제와 다른 삶의 모습을 연출해야 했다. 한마디로, 거짓된 자아를 보여주고 있다고 느꼈다. 그녀를 더욱 불편하게 만든 것은 사생활이 침해당하고 있다는 느낌이었다. 사람들이 그녀가 말하고 올리는 모든 것을 끊임없이 들여다보고 해석한다는 사실은 때로 선을 넘는 공격처럼 느껴졌다. 또한 더 성공한 인플루언서와 자신을 비교하는 것—소위 상향비교upward social comparison[5]하는 것—은 스트레스를 가중시켰다.

---

5) [역자 주] 심리학자 페스팅거Leon Festinger가 1954년에 발표한 사회적 비교 이론social comparison theory의 한 유형으로, 자신의 능력, 의견, 사회적 위치 등을 평가하기 위해 자신보다 우월하거나 더 나은 사람과 비교하는 행동이다.

직업에서 오는 스트레스는 누구에게나 있을 수 있지만, 나탈리가 인플루언서로서 감당해야 하는 관계는 때로 매우 적대적이었다. 그녀가 전하는 이야기 때문에, 일부 팔로워들은 반복적으로 폭력적 위협과 언어 공격을 하였고, 그런 부정적 반응은 그녀의 자존감에 상처를 남겼다. 그런 말은 결국 자신을 향한 공격처럼 느껴졌고, 시간이 지날수록 그런 말들이 자신의 정신 건강에 악영향을 미치고 있음을 깨달았다. 특히 온라인 상 악성 공격에 노출되었을 때 더욱 그랬다. 그녀는 팔로워에게 건강한 라이프스타일을 전하려 했지만, 역설적으로 정작 그 일이 자신의 정신 건강을 해칠 수 있었다. 결국 그녀는 인플루언서로 산다는 것이 반드시 건강한 삶을 위한 활동은 아니라는 점을 인식하였다.

게다가 나탈리는 인플루언서라는 역할 자체에 일종의 중독성이 있다는 사실도 알게 되었다. 신경학적으로 볼 때 팔로워와 상호작용은 간헐적이지만 지속적으로 도파민을 유발한다. 만약 소셜 미디어를 사용하지 않는다면 도파민 결핍으로 인한 금단 증상을 겪게 되는 건 아닐까? 온라인이 아닌 환경에서 일하는 사람들보다 오히려 불안과 우울감에 더 쉽게 노출되는 것은 아닐까? 게다가 여기에 돈과 대중적 인기까지 더해진다면 자신에게 미치는 정신적 영향이 얼마나 클지는 짐작하기 어려웠다.

팔로워

소셜 미디어를 이용하는 사람이, 특히 사회적 비교social comparison가 쉬운 플랫폼을 자주 사용할 때는 외모에 대한 불만족, 낮은 자존감, 부정적 감정 상태, 불안감, 전반적인 정서 불안 등 다양한 정신적 어려움을 겪기 쉽다. 온라인에서 공유되는 사진이나 이야기는 실제 평범한 사람의 외모나 삶과는 거리가 있어서 이를 본 사람의 자신감에 부정적인 영향을 줄 수 있다. 사람들은 이러한 이미지와 이야기를 기준 삼아 자신이 다른 사람보다 더 매력적인지, 더 똑똑한지, 더 성공했는지를 끊임없이 비교한다. 특히 인스타그램Instagram은 다른 어떤 플랫폼보다도 사회적 비교를 더 왜곡시킬 수 있다. 인스타그램에서는 실제 모습과 거리가 있는 이상적인 이미지도 쉽게 만들 수 있다.[6] 결국 사람들은 최대한 완벽해 보이도록 필터를 사용하여 보정하여, 가장 잘 나온 사진만 올린다. 이처럼 꾸며진 이미지를 자꾸 보다 보면 인스타그램이 결코 현실을 반영하지 않는다는 사실을 잊기 쉽다. 그러다 보면 평범한 사람의 실제 모습에 대한 감각을 잃고, 오히려 자기 자신을 더 초라하게 느끼게 된다.

6) Kim Elsesser (2021). “Here’s How Instagram Harms Young Women According to Research.” *Forbes*, 5 October.

인플루언서: 롤러코스터 여정

인플루언서라는 역할은 인기 있는 직업이 되었고, 일부는 이 활동을 통해 상당한 수익을 올리고 있다. 이들이 전하는 이야기는 현대 사회에서 나름의 역할을 하고 있다. 그렇지만 앞서 살펴본 것처럼 소셜 미디어를 끊임없이 사용하는 것은 인플루언서나 그 콘텐츠를 접하는 사람 모두에게 부작용이 있다. 사실 소셜 미디어 속 모습과 현실 사이의 불일치는 사람의 마음을 뒤흔든다. 그 모습이 현실이 아니라는 사실을 늘 자각하며 산다는 것은 말처럼 쉽지 않다. 물론 인플루언서 역할 자체가 나쁜 것은 아니다. 팔로워들이 자신이 좋아하는 분야에 몰입하며 연대감과 영감, 새로운 아이디어를 얻는 긍정적인 통로가 되기도 한다. 그렇지만 소셜 미디어 사용이 정신 건강에 미치는 부정적 영향력은 여전히 남아 있다. 인플루언서들은 끊임없는 압박 속에서 자신의 심각한 건강 문제조차 숨긴 채, 누구에게도 지속 가능하지 않은 라이프스타일을 계속 보여주고 있다. 결국 그 대가는 인플루언서와 팔로워 모두에게 돌아온다.

소셜 미디어 속 모습과 현실 사이의 불일치는 사람의 마음을 뒤흔든다.
그 모습이 현실이 아니라는 사실을 늘 자각하며 산다는 것은 말처럼 쉽지 않다.

소셜 미디어의 이런 해로운 영향력을 이해하거나, 적어도 인식하는 것만으로도 인플루언서와 팔로워 모두에게 도움이 된다. 소셜 미디어를 통해 주고받는 영향력이 심리적, 생리적으로 어떤 영향을 미치는지를 인식하고, 이야기를 전하는 방식—온라인에서 정보를 표현하고 소비하는 방식—에 주의를 기울일 필요가 있다. 그리고 팔로워들은 자신이 접하는 콘텐츠나 자신이 팔로우하는 사람이 아무리 설득력이 있고 그럴듯해 보여도 어느 정도는 '꾸며낸 이야기make-believe'가 담겨 있다는 사실을 인식하는 것이 좋다.

이런 '꾸며낸 이야기'를 계속 이어가되 그로 인한 정신적 부담을 덜기 위해 가상 인간을 활용하는 방식이 대안으로 제시되었다. 현재 한국에서는 이런 변화가 실제로 시도되고 있으며, 컴퓨터로 만들어진 가상 인간 인플루언서가 인기를 얻고 있다. 3D 모델링 기술과 인공지능으로 만들어진 아바타들은 현실의 인플루언서를 대체할 수 있는 매력적이면서도 경제적인 대안으로 주목받고 있다.[7] 이들은 팔로워와 실시간 소통도 가능하다.

현실의 인플루언서들 가운데 일부에게 발생하는 논란으로 평판 문제가 생길 수 있지만, 이와 달리 가상 인간 인플루언서의 이야기는 잘 설정되고 관리되므로 기업 이미지가 타격을 입을 가능성은 훨씬 낮다. 다만 이 가상 인플루언서들이 들려주는 이야기가 실제 사람이 전하는 이야기처럼 대중들에게 똑같이 정서적 영향을 미치는지는 아직 입증되지 않았다.

현실 속 인플루언서와 팔로워는 서로 소통하며 영향을 주고받는 과

7) Jessie Jeung and Gawon Bae (2022). "Forever Young, Beautiful and Scandal-free: The Rise of South Korea's Virtual Influencers." *CNN*, 16 August.

정에서 정신 건강을 세심히 살펴야 한다. 정신 건강에 좋지 않은 것을 너무 많이 경험할 수 있기 때문이다. 정신 건강을 돌보는 일은 전반적인 건강을 유지하는 데 필수적이다. 사실 우리는 삶의 어느 시점에서 모두 정신 건강 문제를 겪게 될 것이고, 이런 일은 누구에게나 일어날 수 있다. 자기 돌봄은 사치가 아니며, 고통을 묵묵히 견디는 것은 누구에게도 도움이 되지 않는다.

우리는 삶의 어느 시점에서 모두 정신 건강 문제를 겪게 될 것이다.

11장.

잠자리와 출세하기

내가 세속적 욕망을 이겨낼 때는 천상의 기쁨이 있지만, 그렇지 못할 때도, 그 나름의 즐거움이 있다.

– 톨스토이Leo Tolstoy

성性에 관련된 한 사람의 행동은, 종종 삶 전반에서 그 사람이 반응하는 방식의 전형典型이 된다.

– 프로이트Sigmund Freud

남자란 늘 그렇다. 고마워할 줄 모르고, 절대 만족하지도 않는다. 마음을 주지 않으면 미워하고, 받아주면 또 다른 이유로 미워한다.

– D. H. 로렌스D. H. Lawrence

이 장의 제목을 보고 고개를 갸우뚱했을 것이다. 이 장에서 내가 말하려는 것은 숙면이 업무 성과에 미치는 영향도 아니고, 이 표현이 보통

암시하는 방향으로 이야기를 끌고 가려는 것도 아니다. 나는 일부 사람들이 자신의 성적 매력과 성적 능력을 경력 성공의 수단으로 삼는 방식을 들여다보려고 한다. 조직의 정점에 오르는 길은 여러 가지가 있으며, 때로는 쉽게 상상할 수 없는 창의적인 방식도 있다.

물론 조직의 최고 리더가 되는 가장 정석은 자신의 스토리텔링을 잘하면서 유능한 조직 구성원으로서 역량을 입증하는 것이다. 그렇지만 어떤 사람은 역량만으로는 충분하지 않다고 생각한다. 그래서 자신의 스토리텔링에 한 가지 요소를 추가한다. 바로 성적 매력이다. 인간은 본질적으로 성적 존재이며, 어떤 상황에서든 성은 중요한 요소라고 여기기 때문이다. 당신은 개인적으로 성을 경력 상승의 수단으로 삼는 것에 거부감을 느낄 수 있지만, 어떤 사람에게는 그것이 매우 효과적인 성공 전략이 될 수 있다는 사실 또한 부정하기 어렵다.

보이지 않는 거래: 성적 매력의 전략적 활용

물론 성이 한 사람의 경력 성장과 아무런 관련이 없는 경우도 분명히 많다. 최고경영자 자리에 오르기 위해 반드시 성적 매력이라는 요소가 필요한 것도 아니다. 그렇지만 실제로 조직 안에서 성이 미치는 영향력은 많은 사람이 인정하는 것보다 훨씬 크다. 인간의 본성상, 성적 욕망은 늘 존재하며, 그것이 실제로 표출될 때 성적 매력은 다양한 방식으로 활용될 수 있다.

대표적인 예로 1993년부터 1997년까지 프랑스 주재 미국 대사를 지낸 영국 출신의 패멀라 해리먼Pamela Harriman을 들 수 있다. 로스차일드 남작Baron Elie de Rothschild은 그녀를 유럽의 게이샤Geisha라고 불렀고, 또 다른 사람은 그녀를 마지막 정부情夫라고도 부르며 특별한 존재로 묘사했다.[1)]

그녀는 팜므 파탈femme fatale[2)]이라는 표현이 가장 잘 어울리는 사람 가운데 하나였다. 그녀의 삶을 통해 짐작할 수 있는 것은, 해리먼은 셰헤라자데처럼 남성들로 하여금 자신이 중요한 존재라고 느끼게 만드는 방법을 잘 알고 있었을 뿐 아니라, 그들의 약점을 이용하는 법도 알았다는 점이다. 그녀가 살았던 시대를 생각하면, 자신의 성공을 위해 선택할 수 있는 길이 많지 않았을지 모른다. 그녀 자신도 이렇게 말한 바 있다.

"나는 남성이 모든 것을 통제하던 영국의 상류층 가정에서 태어났다. 남자아이는 학교에 갔지만, 여자아이는 집에서 가정교사에게 배우며 자랐다. 그게 당연하던 시절이었다."[3)] 그런 환경에서 자란 그녀는 세상에서 권력을 얻고 성공하기 위해서는 힘 있는 남성을 사로잡고, 그들을 움직이는 것이 유일한 길이라고 여겼던 듯하다. 그녀가 세계적으로 부유하고 매력적인 남성을 유혹한 수많은 일화는 전설처럼 회자

---

1) Stuart Husband (January 2024). "Pamela Harriman: Of Vice and Men." *The Rake*, https://therake.com/stories/pamela-harriman-of-vice-and-men

2) [역자 주] 프랑스어로 '치명적인 여성'을 의미하며, 주로 문학·영화에서 남성을 파멸의 길로 몰고 가는 치명적인 매력을 지닌 여성을 지칭한다.

3) *Newsweek* (6 February 1997). "A Woman of Means," https://www.newsweek.com/ woman-means-175062

된다. 그녀는 당시 세계적인 명성을 지닌 남성들과 세 번 결혼했고, 그 과정에서 많은 여성의 반감을 샀다. 해리먼이 남긴 인상적인 말 가운데 하나는 이렇다. "차라리 욕을 먹는 것이 사람들에게 잊히는 것보다 낫다."[4] 모든 조건이 동일하다면, 성을 무기로 삼는 것은 해리먼이 정상에 오르기 위해 선택한 실용적인 전략이었다.

해리먼의 이야기가 어딘가 익숙하게 들리지 않는가? 겉으로 드러나지 않을 뿐, 성을 일종의 무기로 활용하는 방식은 조직 내에서 흔히 발견되는 패턴이다. 예를 들어 연예계에서는 이른바 '캐스팅 카우치 casting couch'[5]라는 악명 높은 관행이 있다. 그리고 해리먼의 사례가 보여주듯, 성을 자신의 목적을 달성하기 위한 수단으로 활용하는 일은 정치, 금융, 출판, 미디어 등 다양한 분야에서 일어난다.

이러한 관행은 당연히 도덕적 논란을 불러일으킬 수 있지만, 현실적으로 성적 매력이 경력 상승의 촉매제가 되는 경우도 있으며, 그 활용 방식 역시 다양하다. 단지 외모나 성적 매력으로 좋은 인상을 남기는 경우부터, 유혹적인 말과 태도로 상대를 끌어들여 원하는 것을 얻거나, 또는 권력을 가진 사람과 오랫동안 관계를 맺는 경우까지 다양하다.

반드시 실제 성적 관계가 동반되어야만 유혹이라 정의되는 것은 아니다. 또한 전혀 의도되지 않았지만 성적 관계가 우연히 발생하는 때도 있다. 겉으로 보이는 모습과 달리, 어떤 사람의 성공 배경에 성적

4) Ibid.

5) [역자 주] 연예계에서 벌어지는 불법적 관행으로, 캐스팅 디렉터나 프로듀서와 같은 권력 있는 인물이 배역이나 출연 기회를 미끼로 신인 배우나 가수에게 성적인 대가를 요구하는 행위를 의미한다.

요인이 전혀 작용하지 않은 경우도 분명히 존재한다. 어떤 이유에서든 영향력 있는 인물이 특정인의 경력 발전을 도와주기로 결심했을 수 있다. 그렇지만 인간의 본능적 성향을 고려하면, 겉으로 보는 것 이상의 무언가가 있을 것이라는 성적 환상은 뒤따르게 마련이다.

우리 사회에 만연한 성적 환상 때문에, 한 여성이 고위직에 오르면 사람들은 곧잘 그녀가 성을 무기로 삼아 성공을 거두었다고 단정한다. 능력보다 성적 매력이나 여성성femininity을 이용해 권력의 중심부로 들어간 결과라고 추정하곤 한다. 그렇지 않고서야 그녀가 어떻게 그 자리에 오를 수 있겠느냐는 것이다. 안타깝게도 성공한 많은 여성들이 그런 비난을 익히 들어왔다. 다른 여성에 대한 말이었든, 자기 자신에 대한 말이었든, 그 경험은 낯설지 않다. 그리고 그런 비난은 대부분 전혀 사실이 아닌 것으로 드러난다. 물론 어떤 경우에는 여성의 경력과 전혀 관련 없는, 합의된 성관계에 대하여, 잘못된 추측에 근거해 비난이 제기되는 상황이 있을 수 있다. 그러나 최근 영화 제작자 하비 와인스타인Harvey Weinstein의 범죄와 그가 저지른 저급한 '캐스팅 카우치' 관행을 통해 드러난, 권력을 이용한 성 착취라는 어두운 현실을 잊어서는 안 된다. 실제로 권력을 가진 남성에 의해 많은 여성이 원치 않는 관계를 강요당한 사례는 숱하게 존재한다.

그렇지만 여전히 의문이 남는다. 왜 여성들이 그렇게 쉽게 손가락질을 받는가? 왜 그들의 성공 뒤에는 성적 매력을 이용했을 수 있다는 의심이 따라붙는가? 때로 그들의 성공을 시기하고 명성을 훼손하려는 경쟁자가 악의적으로 소문을 퍼뜨리는 경우도 있다. 그런 사람은 이런 여성의 성취를 절대 인정하지 않는다. 그렇지만 그들의 성공은 성적 매력과는 무관하며, 전적으로 실력과 역량에서 비롯된 것이다.

그러나 다르게 생각해 보면, 권력을 얻기 위해 자신의 성적 매력을 활용하는 일이 정말 그렇게 비난받아야 할 일인가 싶기도 하다. 조직 생활에서 성공하려면 자신이 가진 모든 수단을 활용하는 것이 어쩌면 당연하고, 그것 역시 삶의 현실이 아닐까? 설사 일부 사람이 권력을 얻기 위해 자신의 성적 매력을 활용했다고 하더라도, 그 사실만으로 그들이 재능이 없거나 그 자리에 어울리지 않는다는 뜻은 아니다. 해리먼 여사의 사례에서 볼 수 있듯, 누군가는 그것을 경력의 중대한 장벽이나 사회적 제약을 넘어서기 위한 유일한 방법으로 여겼을 수 있다.

사실 우리는 성적 매력을 경력 성공의 수단으로 활용하는 것에 대해 모순된 감정을 갖고 있지만, 조직 생활을 냉정히 들여다보면 적지 않은 리더들이 승진을 위해 기꺼이 그것을 이용하고 있다는 사실은 분명하다. 그리고 이는 여성에게만 해당하는 이야기가 아니다. 남녀 모두 이러한 방식에 쉽게 끌리는 경향이 있다. 권력과 성은 언제나 깊게 얽혀 왔다. 헨리 키신저Henry Kissinger는 "권력이 최고의 최음제다."라고까지 말했다.[6] 실제로 권력이 성을 낳는 것인지, 성이 권력을 낳는 것인지 분간하기는 어렵다. 분명한 것은 이 둘 사이에 긍정적 상관관계가 있다는 점이다. 자기 성적 매력을 활용하는 것은 삶의 일부이며, 비

6) *The New York Times* (19 January 1971). See Michael C. Thomsett and Jean Freestone Thomsett (2008). *War and Conflict Quotations: A Worldwide Dictionary of Pronouncements from Military Leaders, Politicians, Philosophers, Writers and Others*. Jefferson, NC & London: McFarland.

즈니스 세계도 예외는 아니다. 그렇다면 만약 자기 성적 매력을 활용해 원하는 자리에 오를 기회가 주어진다면, 그것을 마다할 이유가 있을까? 여성들이 자신의 성적 자본erotic capital, 즉 아름다움, 성적 매력, 매력적인 스타일과 의상을 활용해 경력을 쌓는 것이 왜 비난받아야 하는가? 남성들은 왜 그와 같은 전략을 쓸 수 없는가?

권력과 성은 언제나 깊게 얽혀 왔다.

톰의 이야기를 해보자. 톰은 특수기계를 생산하는 중견 가족기업에서 일하는 중간 관리자였다. 그는 큰 야망을 품고 있었지만, 현실적으로 높은 자리에 오를 가능성은 그리 크지 않았다. 회사 내 경쟁은 치열했는데, 예상치 못한 기회가 톰에게 찾아왔다. 회사 크리스마스 파티에서 한 여성을 만났는데, 그녀는 알고 보니 사장의 맏딸이자, 그 회사의 대주주 가운데 한 명이기도 했다. 톰은 그녀에게 육체적 매력을 느끼지는 않았지만, 그녀가 출세의 디딤돌이 될 수도 있겠다는 생각에 관심이 생겼다. 자신의 성적 매력을 십분 활용하면 기회를 얻을 수도 있겠다고 판단했다. 그날 파티를 계기로 톰은 사장의 딸에게 적극적으로 매력을 발산하면서, 두 사람은 곧 연애를 시작하였고, 마침내 결혼했다. 이후 그는 장인이 된 사장의 추천으로 명문 경영대학원의 최고경영자 과정에 들어가게 되었다. 이는 톰이 조직에서 신설된 고위직을 맡을 수 있도록 미리 준비시키려는 의도였다.

성을 경력 성공의 수단으로 삼는 것은 여성만이 아니다. 남성도 마찬가지다. 그렇지만 남성이 성을 이용해 경력 성공을 거둘 때는 여성의 경우만큼 불편해하지 않는다. 오히려 남성이 자신의 성적 자본을 활용해 성공하면, 사람들은 훨씬 더 관대하며, 심지어 현명한 출세 전략이라며 칭찬하기까지 한다. 그러나 안타깝게도 여성에게는 그런 반응을 보이지 않는다.

왜 이런 차이가 존재하는 걸까? 남성이 성을 더 교묘하게 활용해 그 의도를 알아채기 어렵게 만드는 걸까? 아니면 남성이 더 설득력 있는 이야기를 만들어내기 때문일까? 아니면 카리스마와 자신감, 단호함 속에 성적 메세지를 녹여내는 것일까? 혹시 사람들의 여성혐오적 태도와 관련이 있는 걸까? 어쩌면 많은 남성이 여성에 대해 심각한 편견을 갖고 있거나, 또는 일부 남성들이 '여성성' 자체에 대해 뿌리 깊은 두려움을 갖고 있는 것은 아닐까?

이 점을 더 자세히 살펴보면, 많은 남성이 무의식적으로 여성에게 지배당하거나, 통제받거나, 버림받을까 봐 두려워한다는 사실을 알 수 있다. 남성이 겉으로 보이는 독립적인 모습은 사실 이런 두려움을 감추기 위한 가면에 지나지 않는다. 따라서 이러한 남성의 심리적 취약성을 고려할 때, 성공한 여성은 즉각적으로 위협적인 존재로 인식된다. 성공한 여성은 종종 이런 남성에게 어린 시절 여성 양육자에게서 느꼈던 두려움을 불러일으킨다. 남성은 과거에 자신을 돌보는 여성이 자신을 지배하고, 통제하고, 심지어 더는 사랑하지 않고 떠날까 봐 두려워했던 기억을 떠올린다. 남성은 생존을 위해 한때 어머니의 사랑에 절대적으로 의존했던 존재였기 때문이다. 이런 양가감정ambivalent feeling

을 중심으로 전개되는 정신 역동은 일부 남성이 여성에게는 성을 무기로 사용했다며 쉽게 비난하면서도, 정작 자신이 똑같은 행동을 할 때는 아무런 죄책감도 느끼지 않는 역설적 상황을 설명해 준다.

톰의 사례가 보여주듯, 남성도 성을 전략적 도구로 활용하는 데 절대 낯설지 않다. 많은 남성이 그것이 자신에게 유리하다고 판단하면, 주저 없이 활용한다. 우리는 톰이 사장의 딸과 가까워지기 위해 온갖 노력을 기울이는 것을 보았다. 다른 남성들 역시 승진을 위해 여성 상사와 친분을 쌓는 일에 조금도 망설이지 않는다. 심지어 어떤 남성은 동성애자인 고위 임원을 표적으로 삼아, 그를 이용하려고 접근하기도 한다.

비난을 감수한 전략

그렇지만 당신이 성을 경력 상승의 수단으로 사용하려 한다면, 한번 더 생각할 것이 있다. 만약 당신이 성을 출세의 수단으로 선택했다면, 그만큼의 비난과 시선을 감당할 배짱이 필요하다. 사람들이 당신의 성공 이야기를 듣고, 비난과 경멸을 쏟아낼 수도 있다는 것을 각오해야 한다. 실제로 이런 일이 현실에서 일어나지만, 여전히 많은 사람은 이런 전략을 공정하지 않다고 여기기 때문이다. 그 결과로 얻은 커리어의 성공 또한 정당하지 않은 것으로 본다. 다른 말로 하자면, 사람들은 당신에 대해 이야기를 만들어내며, 당신이 그 자리에 오를 만한 역량이나 경험이 부족하다고 떠들 수 있다. 만약 당신이 여성이라면, 그 비난은 훨씬 거세진다. 어떤 사람은 여성 혐오적 태도를 극단적으로 드러내며, 여성은 무능하기 때문에 그런 방법을 쓴다고 주장할지도 모른다. 어떤 사람은 당신을 지나치게 계산적이라고 말할 수도 있고, 노골적으로 모욕적인 말을 할 수도 있다. 이런 점에서 보자면, 여성은 같은 행동을 하더라도 남성보다 훨씬 더 부당한 대우를 받는다. 누구나 알다시피 남성에게는 이런 전략이 오히려 더 용인되고, 심지어 회사의 여성 상사를 차지한 남성을 회사 동료들이 진짜 남자라고 치켜세우기까지 한다.

만약 당신이 성을 출세의 수단으로 택한다면,
그만큼의 비난과 시선을 감당할 배짱이 필요하다.

결론적으로, 여러 사례가 보여주듯 성은 직장 내 누구에게나 강력하고 효과적 도구가 될 수 있다는 것은 분명하다. 성이 늘 우리 곁에 있는 힘이지만, 그 힘을 활용하겠다고 마음먹는 순간, 당신의 평판이 손상될 가능성도 높아진다는 점도 기억해야 한다. 그래서 성적 욕구가 지나치게 강한 사람이라면 주의해야 한다. 그 욕망이 당신에게 진정으로 중요한 것을 이루는 데 필요한 힘이면서도, 동시에 당신의 발목을 잡을 수도 있기 때문이다. 사실 성은 인간 존재의 중요한 요소이지만, 성과 감정 조작이 결합될 때는 매우 위험해진다. 능력 대신 성적 매력에 지나치게 의존하는 것은 대단히 위험한 전략이 될 수 있다. 그래서 우리는 승화sublimation의 힘에 주목할 필요가 있다.

승화란, 받아들여지기 어려운 충동을 바람직하고 생산적인 사회적 행동이나 방식으로 전환하는 것이다. 더 평화롭고 의미있는 삶을 살려면, 욕망의 감정을 다른 방향으로 돌리고, 성적 에너지를 육체적 차원에서 정신적 차원으로 전환하는 것이 훨씬 더 지혜로운 선택일 수 있다. 과도한 자극이 반드시 행복을 가져다주지는 않는다. 과도한 흥분이 반드시 만족스러운 삶을 만드는 것도 아니다. 그렇다고 삶을 외면하라는 말은 아니다. 당신의 삶은 부차적인 것도 아니고, 리허설도 아니기 때문이다.

12장.

내 삶을 살다

세상에 원래 재미없는 주제는 없다. 다만 재미를 느끼지 못하는 사람만 있을 뿐이다.

– 체스터턴G. K. Chesterton

삶은 춤보다 씨름에 가깝다.

– 마르쿠스 아우렐리우스Marcus Aurelius

큰 다이아몬드를 잘게 조각내면 그 가치가 사라지고, 군대도 작게 나뉘면 모든 힘을 잃는다. 마찬가지로 위대한 지성도 방해 받아 주의가 산만해지고 주제에서 벗어나는 순간, 평범한 수준으로 전락한다. 진정한 탁월함은 모든 역량을 하나의 주제에 쏟아붓는 집중력에 달려 있다.

– 쇼펜하우어Arthur Schopenhauer

또 다른 이야기를 해 보자. 필립의 고민은 누군가에게는 사치로 들릴지 모른다. 그는 겉으로 보기에 매우 성공적인 삶을 살고 있었다. 수익성이 좋고 계속 성장하는 대기업의 대표로서 그의 경력은 완벽해 보였다. 필립은 분명 만족해야 마땅했지만 실제로 그렇지 않았다. 자신의 표현에 따르면, 그는 점점 더 빨리 돌아가는 쳇바퀴 속에서 끊임없이 달리는 햄스터가 된 듯한 기분이 들었다. 그는 자신의 삶이 아예 없다고 느꼈다. 물론 과거에 좋은 순간들이 있었지만, 이제는 그런 시간도 드물어졌다. 그는 현재 삶에 만족하지 못했고, 거의 행복을 느끼지 못했다. 그래서 그는 이렇게 말했다. "이제 정말 내 삶을 살고 싶습니다."

그렇다면 필립의 불만은 어디서 비롯된 것일까? 그의 말 속에 단서가 있었다. 그는 자신의 삶을 끝없이 이어지는 과제의 연속이라고 묘사했다. 절대 스스로 벗을 수 없는 구속복拘束服을 입고 있는 듯한 모습을 떠올리기도 했다. 또한 그는 마치 다른 사람의 삶을 대신 살고 있는 것 같다고 말했다. 자신이 챙겨야 할 의무 사항이 너무 많아서, 정작 자신의 욕구는 다른 사람의 욕구와 기대에 묻혀버리는 듯했다. 자신이 진심으로 하고 싶은 일을 하지 못한 채, 매일 하는 일이 점점 더 무의미하게 느껴졌다.

필립의 개인 생활은 무너져 있었다. 아내는 필립이 육체적으로나 정신적으로 자신과 함께하지 않는다는 이유로 그를 떠났다. 그래서 필립은 혼자 살고 있었다. 그의 자녀들은 모두 독립하여 각자 살고 있고, 아버지와 거의 교류가 없었다. 가끔 여자 친구가 생기기도 했지만, 진지한 관계로 이어지진 않았다. 필립의 표현대로라면 대부분 돈만 밝히는 여성이었다.

필립은 현재 정신적으로나 육체적으로 모두 그리 좋지 않은 상태였다. 건강 관리를 위해 개인 트레이너까지 고용했지만, 운동을 거의 하지 않았다. 사실 대부분의 운동 약속을 지키지 못했다. 게다가 수면 패턴도 좋지 않았고, 항상 해야 할 일을 걱정하느라 심각한 불면증에 시달렸다. 당연히 수면 부족으로 인해 극심한 피로에 시달렸고, 그로 인해 그의 판단력도 영향을 받았다.

결국 겉으로 보기에는 성공한 삶처럼 보였지만, 필립의 실제 삶은 완전히 엉망이었다. 그는 자신의 삶이 무의미하게 느껴졌고, 마치 의식 없이 돌아다니는 몽유병 환자로 하루하루 살아가는 기분이었다.

충만한 삶을 주도한다

필립에게 벌어진 일은 당신에게도 일어날 수 있다. 누구에게나 지금까지 살아온 삶의 방식에 지쳐버리는 순간이 찾아올 수 있다. 그런데 자신의 현재 상황에 대해 점점 더 불안과 혼란을 느끼는 순간은 오히려 삶을 긍정적으로 바꿀 소중한 기회가 될 수 있다. 어쩌면 지금까지와 전혀 다른 삶을 꿈꿀 수도 있다. 물론 더 현실적인 방법은 자신의 삶을 완전히 바꾸는 것이 아니라 일상의 작은 변화부터 시작해서 원하는 방향으로 조금씩 나아가는 것이다. 완벽한 삶이란 존재하지 않지만, 더 나은 삶을 위해 조금씩 만들어갈 수 있다. 결국 당신 삶의 주인은 당신 자신이기 때문이다.

누구에게나 지금까지 살아온 삶의 방식에

지쳐버리는 순간이 찾아올 수 있다.

어떻게 해야 온전한 삶을 살 수 있을까? 어떻게 해야 다른 사람들이 기대하는 삶이 아닌, 나의 삶을 살 수 있을까? 어떻게 하면 더 진정성 있는 삶을 살 수 있을까? 언젠가 자신의 삶을 돌아볼 때 "참 잘 살았다. 내가 원하는 삶을 온전히 살았구나."라고 말할 수 있다면 얼마나 좋겠는가? 다시 말해, 어떻게 하면 자신에 관해 더 긍정적인 이야기를 할 수 있을까?

그 시작을 위해 효과적인 방법은 당신이 바라는 삶의 모습을 마음속에 그려보는 것이다. 그것이 바로 자신의 삶을 당신이 바라는 방향으로 움직이게 하는 첫걸음이다. 그리고 이 시각화 과정의 핵심은 당신에게 에너지를 주고, 즐겁게 하고, 행복하게 만드는 행동을 떠올리는 데 있다. 물론 행복은 그 자체가 목적이라기보다, 충만한 삶을 살아갈 때 얻게 되는 선물이다. 여전히 당신이 최고의 삶을 살고 싶다면, 자신을 위해 행복한 순간을 계획하고, 오래도록 마음에 남을 좋은 기억을 만드는 것이 중요하다.

그렇지만 그런 삶을 향해 나아가려고 노력할 때 행동 방식을 바꾸는 일이 결코 쉽지 않다. 기존 삶의 방식을 바꾸는 일은 많은 노력과 끈기가 필요하며, 상당히 불편할 수 있다. 그 과정에서 불안감이 밀려올 수 있다. 그 감정을 제대로 마주해야만, 최고의 삶을 만들어갈 수 있다.

삶에 변화를 주려고 할 때 불안감이 동반되는 일반적인 이유는 이전에 변화를 시도했다가 실패한 경험이 있기 때문이다. 그런 실망을 겪고 나면 다시 시도하기를 주저하게 된다. 또 지금 제자리에 머물러 있다는 느낌이 들지만, 정작 어떤 것이 자신을 가로막고 있는지 알지 못할 수 있다. 그렇다 보니 이 불안감이 삶의 변화를 가로막는 원인임을 깨닫지 못한다. 따라서 이런 내면의 힘에 주의를 기울일 필요가 있다.

우선 자신의 내면을 들여다보고, 당신을 가로막고 있는 것이 무엇인지, 당신의 발목을 잡고 있는 것이 무엇인지 알아야 한다. 당신이 이미 과거 경험이 현재 행동에 영향을 미치고 있다는 사실을 깨달았다면, 이제 바꾸려는 부분에 대해 의식적인 노력을 기울일 수 있다. 그 과정에서 자신에게 더 희망적인 이야기를 들려주려 노력해야 한다.

기업의 많은 고위 리더와 나눈 대화를 통해 느낀 것은, 그들이 바라는 충만한 삶이란 결국 자신의 가장 진실한 모습을 실현하고 싶다는 공통된 욕구에서 비롯된다는 것이다. 즉, 자신이 될 수 있는 최선의 모습으로 살아가고 싶다는 열망이다. 인간은 본성적으로 배우고, 성장하고, 진화하고, 또한 삶에서 기쁨을 누리고 싶어 한다. 그런데 이를 이루는 유일한 방법은 현재의 능력, 신념, 한계를 뛰어넘는 새로운 경험을 해 보는 것이다. 이 길을 가고자 한다면 적극적으로 삶의 주도권을 잡아야 한다. 당신이 바꿀 수 있는 것에 집중할 필요가 있다. 그리고 당신이 실제로 행동으로 옮길 수 있는 것에 먼저 집중해야 한다.

충만한 삶을 향한 여정

그렇다면 어디서부터 시작해야 할까? 우선 가장 기본적인 질문부터 해보자. 나는 누구인가? 나는 어떤 사람인가? 나는 어떤 사람이 되고 싶은가? 그리고 만약 그 사람이 어떤 모습인지 그릴 수 있다면, 이제 그런 모습이 되려고 노력하자. 같은 맥락으로 스스로에게 이렇게 물어보자. 나는 무엇을 사랑하는가? 그렇다면 이제 당신이 사랑하는 일을 해보자. 또 나는 누구를 사랑하는가? 그렇다면 이제 그 사람을 더 사랑하기 위해 노력하자.

충만한 삶을 사는 법을 배우는 비결은, 외부 세계에서 당신이 하는 모든 일이 자신의 내면 세계에서 시작된다는 것을 깨닫는 것이다.

그리고 스스로에게 마지막으로 질문해 보자. 나는 어떤 미래를 바라는가? 그렇다면 이제 그 바라는 것을 실현하기 위해 노력하자. 실천할 수 있는 몇 가지 구체적 단계를 제시한다.

1. **나로 산다는 것이 무슨 의미인지 이해한다**. 우선 충만한 삶을 사는 법을 배우는 비결은, 외부 세계에서 당신이 하는 모든 일이 자신의 내면 세계에서 시작된다는 것을 깨닫는 것이다. 당신이 진정으로 사랑하는 삶을 살고자 한다면, 우선 그런 삶이 당신에게 어떤 의미를 갖는지 알아야 한다. 즉, 나로 산다는 것이 무엇인지 아는 것이

다. 진정한 자신의 모습으로 살고, 자신이 지닌 가능성을 온전히 실현하는 것, 그것이 삶의 목적이 되어야 한다. 다른 사람이 정한 기준이나 성공의 정의에 의해 규정되어서는 안 된다. 따라서 진정한 삶을 살고 싶다면, 무엇이 당신을 움직이게 하는지, 무엇에 진심으로 열정을 느끼는지, 무엇이 자신을 가장 살아 있다고 느끼게 만드는지 이해해야 한다. 그래야 자신의 진짜 모습을 알 수 있다. 이는 곧 자신의 삶에서 지혜로운 선택을 하려면 자기 내면에서 진정으로 의미 있고 가치 있는 것이 무엇인지 알아차릴 수 있도록 자기 인식 수준을 높여야 한다는 것을 뜻한다. 또한 자신의 그림자에도 주의를 기울여야 한다. 그림자 또한 당신의 일부라는 것을 인식해야 한다. 그림자는 억누르는 것이 아니라 그대로 인정해야 할 대상이다. 당신의 그림자를 포용하는 태도가 당신의 삶을 더욱 진실되게 만들기 때문이다.

진정한 자신의 모습으로 살고, 자신이 지닌 가능성을 온전히 실현하는 것, 그것이 삶의 목적이 되어야 한다.

---

2. **불편했던 과거를 놓아준다**. 그리고 당신의 내면을 조각彫刻할 시간을 갖자. 충만한 삶을 가로막는 진짜 장애물은 때로 당신 자신이고, 과거의 기억이다. 지금까지 겪은 마음의 상처, 이별, 실망을 돌아보며 자기 연민의 태도로 이제 과거의 아픈 경험을 놓아주어야 한다. 자유란 결국 자신에게 일어났던 일을 어떻게 다루느냐에 달

려 있다. 그래서 충만한 삶을 사는 데 가장 중요한 요건은 현재 자신의 행동에 영향을 미치는 과거의 불편한 기억을 놓아줄 수 있는가이다. 당신의 발목을 붙잡고 있는 것이 어디에서 비롯된 것인지 알게 되면, 이제부터 다르게 행동하려고 의식적으로 노력할 수 있다. 그것은 당신이 앞으로 나아가는 데 도움이 될 것이다.

3. **공감과 연민을 실천한다**. 내면 세계의 여정을 걷는 동안 공감empathy과 연민compassion을 실천해보자. 공감은 자기중심적 사고의 틀에서 벗어나, 모든 사람이 다르다는 사실에도 불구하고, 다른 사람의 관점에서 자신의 삶을 이해하도록 도와준다. 연민도 마찬가지다. 연민은 당신이 다른 사람에게 먼저 다가갈 수 있게 해준다. 공감과 연민을 갖는다는 것은, 비록 각기 다른 방식으로 표현되더라도 모든 사람 안에 동일한 인간다움, 의미와 성취, 안전에 대한 욕구가 있다는 사실을 인식하는 것이다. 공감과 연민을 표현하는 가장 단순한 방법은 친절한 행동을 매일 하나씩 실천하는 것이다. 친절은 다른 친절을 부른다. 결국 다른 사람의 성장을 돕는 것이 자신이 성장하는 가장 좋은 방법이다.

자유란 결국 자신에게 일어났던 일을 어떻게 다루느냐에 달려 있다.

---

4. **자기 돌봄을 실천한다**. 자기 돌봄self-care도 잊지 말자. 몸은 당신이 머무는 집이다. 건강을 잃거나 질병에 시달리면 충만한 삶을 살아가기 힘들다. 자기 돌봄은 정신적, 정서적, 신체적, 영적 차원을 함

께 돌보는 통합적인 개념이다. 하지만 많은 사람이 어느 한 부분만 집중하고 다른 부분을 놓치고 산다. 자신을 잘 돌볼 수 있어야 다른 사람을 돌보고 돕는 일이 더 수월해진다.

5. **자신의 소명을 발견한다**. 우리 대부분은 인생의 많은 시간을 일터에서 보낸다. 그래서 진정한 삶을 살기 위한 핵심 과제는 자신에게 맞는 일을 찾는 것이다. 충만한 삶을 살기 위해 꼭 필요한 것 중 하나는 자신이 열정을 느낄 수 있는 소명calling이 무엇인지 발견하는 것이다. 그 일을 찾기 위해서는 당신을 살아 있다고 느끼게 만드는 것이 무엇인지 스스로 질문해야 한다. 현재 일터에서 지루하고 공허하며 행복하다고 느끼지 못한다면, 지금 하는 일을 돌아보고, 변화를 주어야 할지 점검할 때이다. 당신이 좋아하는 일은 당신의 내면 세계와 깊이 연결되어 있다는 점을 기억하자. 현재 일이 즐겁지 않다면 무엇이 당신을 가로막고 있는지, 왜 그런지 들여다보자. 오래된 습관, 제한된 신념, 혹은 스스로에게 반복해서 말하는 이야기 때문일 수 있다. 당신 자신에 대해 더 잘 이해하게 되면 당신의 소명을 위해 무엇부터 할 것인지 분명해지고, 당신이 충만함과 행복을 느끼는 일에 시간과 에너지를 쏟기 위한 구체적인 계획을 세울 수 있다.

당신의 가능성을 열어 주고, 에너지를 불어넣으며,
당신의 성장을 돕는 사람과 대부분의 시간을 보내야 한다.

---

6. **관계를 재정리한다**. 충만한 삶을 살기 위해 꼭 필요한 것은 인간관계를 가려 맺는 일이다. 여러 번 말했듯이 인간은 사회적 존재로, 서로 연결되도록 설계되어 있다. 그렇지만 그 연결 속에서도 선택적으로 관계를 맺고, 자신에게 에너지를 주는 사람과 관계를 늘려야 한다. 반대로 당신의 에너지를 소모하는 사람, 부정적이거나 정직하지 않고, 당신을 존중하지 않거나 지나치게 비판적이고 당신의 성장을 가로막는 사람과는 거리를 두어야 한다. 또한 이기적인 이유로 관계에 매달린다고 해서 사랑이나 만족감, 내면의 행복을 얻지 못한다는 것을 기억하자. 물론 사회적 연결이라는 맥락에서 가장 중요한 관계는 당신과 잘 맞는 인생의 파트너를 만나는 것이다. 그런 파트너를 만나는 것은 충만한 삶을 사는 데 결정적 차이를 만든다. 결국 따지고 보면 당신의 가능성을 열어 주고, 에너지를 불어넣으며, 당신의 성장을 돕는 사람과 대부분의 시간을 보내야 한다는 것이다.

인간은 사회적 존재로, 서로 연결되도록 설계되어 있다.

7. **배움을 멈추지 않는다**. 충만한 삶을 살기 위해 필요한 것은 끊임없이 배우는 것이다. 삶은 태어나서 죽을 때까지 끊임없는 배움의 과정이다. 그래서 언제나 새롭게 배울 것이 있다는 태도를 가져야 한다. 그렇게 할 때 희망의 이야기를 만들 수 있다. 배움을 멈추는 순간, 이미 죽은 것이나 다름없다는 사실을 마음에 깊이 새겨야 한다.

배움을 멈추는 순간, 이미 죽은 것이나 다름없다는 사실을
마음에 깊이 새겨야 한다.

진정한 학습자가 되려면 익숙한 곳에서 벗어나 새로운 생각을 받아들이고 새로운 시도를 해야 한다. 몸과 달리 우리의 사고는 살아 있는 한 계속 성장할 수 있다. 호기심이 많은 사람에게 이 세상은 언제나 좋은 실험실이므로, 끊임없이 배운다면 당신은 계속 성장할 것이다. 우리가 보고, 듣고, 경험하는 모든 것에 배울 것이 있다. 그리고 배움이 좋은 점은 아무도 그것을 당신에게서 빼앗을 수 없다는 것이다.

삶은 태어나서 죽을 때까지 끊임없는 배움의 과정이다.

8. **감사를 실천한다**. 감사를 실천하면 기분이 좋아진다. 충만한 삶을 살기 위해서는 지금 내 삶에 있는 좋은 것을 인정해야 한다. 결국 가장 충만한 삶을 사는 사람은 자신이 가진 것에 감사할 줄 아는 사람이다. 그리고 감사의 감정을 느꼈다면 당신에게 영향을 준 그 사람에게 표현해야 한다. 말하지 않으면 그들은 당신의 마음을 알 수 없다. 당신이 감사를 표현하면 관계가 좋아지고, 몸과 마음이 건강해지며, 수면의 질이 좋아지고, 정신적 회복력이 커지고, 에너

지와 전반적인 행복감이 높아지는 등 큰 혜택이 있다.[1] 감사는 충만하고 행복한 삶을 살기 위해 가장 간단하면서도 강력한 실천 방법이다.

9. **전문가의 도움을 받는다**. 이 책에 등장하는 몇몇 사람에게 제안되었듯이, 보다 충만한 삶을 위해서 코치나 심리상담사 같은 전문가의 도움을 받을 수 있다. 그들은 당신이 내면 세계를 탐색하는 과정에서 어느 정도 안전지대를 만들고 새로운 관점을 제공해 준다. 사실 우리의 내면 세계는 혼자 다니기에 위험한 곳일 수 있다. 그러나 전문가의 도움을 받는다면 거울 속 자신의 모습을 새로운 시선으로 바라볼 수 있다. 실제로 자신을 제대로 이해하기 위해 다른 사람의 도움을 받는 것이 자기 자신을 변화시키는 가장 빠른 방법이다. 코치와 심리상담사는 당신이 '깨어나' 일상과 행동 패턴을 더 잘 인식하도록 돕는다. 그들은 당신이 삶에 적용할 수 있는 중요한 통찰과 조언을 제공한다. 또한 당신의 두려움을 넘어서게 하고, 잠재력을 열어 주고, 앞으로 나아갈 수 있도록 한다. 그들의 도움으로 당신을 가로막고 있는 것이 무엇인지 알게 되고, 그 깨달음은 당신을 자유롭게 만든다. 사실 건강과 체력을 돕는 헬스 트레이너처럼, 코치와 심리상담사는 당신의 삶과 마음을 건강하게 만드는 역할을 한다. 그들은 당신이 자신의 존재 가치와 목적, 삶의 풍요로움을 온전히 경험할 수 있도록 이끌어 준다.

10. **베푸는 삶을 산다**. 충만한 삶을 살기 위한 마지막 요소는 더 나은

1) Nicole McDermott (2023). "The Mental Health Benefits of Gratitude." *Forbes*, 10 November.

세상을 만드는 데 기여하는 것이다. 오직 개인적인 욕망만을 충족하려는 삶은 결국 쓰라린 실망으로 이어지게 마련이다. 따라서 충만한 삶을 살기 위해 중요한 것은 자신의 행복뿐 아니라 다른 사람의 행복에도 책임을 갖는 것이다. 다시 말해, 진정한 충만함은 '무엇을 얻기 위한 삶'이 아니라 '주기 위한 삶'에서 온다.

그리고 더 큰 가치와 목적을 위해 헌신하려고 할 때, 다른 사람에게 무엇을 주는 것은 신체적, 정신적으로 많은 이로운 효과가 있다는 사실을 잊지 말자. 예를 들어, 다른 사람에게 베푸는 행동은 혈압을 낮추고, 자존감을 높이며, 행복감을 증진시키고, 심지어 수명을 연장하는 데도 도움이 된다는 연구 결과가 있다.[2] 그렇다면 다른 사람에게 베푸는 것을 당신 삶의 의미에 포함시키지 않을 이유가 없지 않은가?

충만한 삶을 살기 위해 중요한 것은 자신의 행복뿐 아니라
다른 사람의 행복에도 책임을 갖는 것이다.

충만한 삶을 산다는 맥락에서, 죽음이야말로 삶의 가치를 다시 비춰주는 거울이다. 자신이 더는 존재하지 않는 모습을 상상하면 자신의 삶에서 진정으로 중요한 것이 무엇인지 알 수 있다. 따라서 살아 있는 현재, 정말 의미 있는 것에 집중하라. 사회적 지위, 명

2) "Why Giving Is Good for Your Health." Cleveland Clinic, 6 December 2022. https://health.clevelandclinic.org/why-giving-is-good-for-your-health

성, 부, 물질적 소유 같은 것에 집착하지 마라. 이 모든 것은 덧없음의 상징일 뿐이다. 당신이 죽는 날, 그것들은 의미가 없어진다. 그러나 남는 것이 있다면 그것은 바로 당신이 남긴 흔적이다. 사람들이 당신에 대해 어떤 말을 하기를 바라는가? 당신이 죽은 후에 당신에 대해 어떤 이야기가 전해지길 바라는가? 그렇다면 그 이야기를 오늘부터 어떻게 써 내려갈 것인가?

이제 다시 "내 삶을 살고 싶습니다."라고 외쳤던 필립에게 돌아가 보자. 그가 용기를 내어 이 여정을 시작하길 바란다. 오늘 당장 시작해야 한다. 오늘이야말로 자신을 붙잡고 있는 것을 놓아 버릴 날이 될 수 있다. 오늘이야말로 충만한 삶을 사는 첫 날이 될 수 있다. 그런 삶이 저절로 펼쳐지기를 기다려서는 안 된다. 로버트 스티븐슨Robert Louis Stevenson이 말했듯, "진정한 자신의 모습으로 살아가고, 자신이 지닌 가능성을 온전히 실현하는 것, 그것이 삶의 유일한 목적이다."[3] 이제는 필립도 자기 자신에 대해 다른 이야기를 써 내려가야 할 때다.

충만한 삶을 사는 맥락에서,
죽음이야말로 삶의 가치를 다시 비춰주는 거울이다.

3) Robert Louis Stevenson (1882). *Familiar Studies of Men and Books*. London: Chatto and Windus, p. 164.

맺는 말

> 파리스Paris여, 악한 마음을 품은 파리스여, 겉보기에는 잘 생겼지만, 여인에게 빠져 있고, 입으로는 거짓을 말하는 자여. 차라리 네가 태어나지 않았더라면, 아니면 결혼도 하기 전에 죽었더라면 좋았을 것을. 지금처럼 치욕스러운 삶을 사느니 그 편이 나았을 것이다. 아카이아인Achaeans들이 우리를 두고 조롱하지 않겠는가. "저들은 외모만 번듯하고, 지혜도 용기도 없는 자를 영웅으로 내세웠다."라고 말이다.
>
> – 호메로스Homer

이 책의 주제는 줄곧 스토리텔링이었다. 여러 차례 언급했듯이, 우리가 공유하는 이야기는 사람과 문화, 국가를 하나로 묶는 중요한 끈이다. 논리만으로는 때로 잘 설명되지 않는 이 세상에서, 분명 이야기는 자신의 삶을 이해하게 해 주는 수단이다. 거울 신경 작용neural mirroring 덕분에, 이야기 속 서사는 화자와 청자 모두 일종의 시간여행을 하듯이 자신과 다른 사람의 과거 경험을 떠올리게 하고, 다시 체험하게 해

준다. 분명히 당신이 하는 이야기는 당신의 기억과 행동, 심지어 정체성까지 강하게 영향을 미친다. 이야기에 빠져들면 상상력을 통해 시간과 공간을 초월할 수 있다. 또한 이야기는 여러 가지 의미를 담고 있으며, 복잡한 생각을 쉽게 전할 수 있다. 그리고 이야기를 통해 자신의 정체성을 탐색하고, 자신이 어떤 사람인지 이해할 수 있다. 사실, 자기 삶에 관한 이야기를 쓰는 일은 "나는 누구인가?"라는 본질적인 질문과 씨름하는 작업이다.

논리만으로는 때로 잘 설명되지 않는 이 세상에서,
이야기는 자신의 삶을 이해하게 해 주는 수단이다.

삶과 역사를 잇는 이야기

정체성과 관련하여, 우리는 어린 시절의 경험 가운데 기억하는 이야기들이 지금의 나를 만들어 왔음을 깨닫게 된다. 인생의 여러 단계를 지나면서 자신의 정체성은 더 일관성을 갖게 된다. 삶의 크고 작은 시련을 잘 극복해 나간다면, 자신의 이야기 속에서 통합된 의미와 목적을 발견하게 될 것이다. 그리고 자신의 이야기는 과거와 현재, 미래를 하나로 엮는 힘을 가지고 있다. 자신의 이야기를 통해, 시간과 상황을 넘은 일관성과 동일성을 만들어 낸다. 그런 의미에서 스토리텔링은 궁극적으로 삶의 패턴을 인식하는 창조적인 작업인 동시에, 의미 있는 삶의 사건을 되돌아보며 재구성하는 작업이다. 당신은 이야기 속 등장인물, 줄거리와 배경을 통해 이전에는 보이지 않던 진실을 드러내는 것이다. 사실 이야기한다는 것은, 듣는 사람의 상상 속에 몇 개의 점을 찍어 놓고 그들 스스로 그 점을 연결해 보게 하는 것이다. 그렇게 함으로써 그들은 당신이 어떻게 지금의 모습이 되었는지 이해하게 된다.

자신의 이야기는 과거와 현재, 미래를 하나로 엮는 힘을 가지고 있다.

오래전부터 존재해 온 여러 '대화치료talking cures' 방법, 특히 정신분석치료는 인간이 이야기를 — 그중에서도 특히 자기 이야기를 — 하고 싶어 하는 본능을 활용해 왔다. 이러한 임상적 접근은 언제나 자기 삶의 이야기를 풀어 보고 재해석할 기회를 주려는 시도다. 자신의 이야기를 어떻게 풀어내는가에 따라 정신 건강과 자신감이 좌우된다는 것은 진부한 말처럼 들릴지 모른다. 만약 삶의 이야기를 긍정적으로 말할 수 있다면, 우리는 주도권을 되찾고 무기력함을 이겨낼 수 있다. 자신의 이야기를 일관되게 말할 수 있는 것은 분명히 우리 내면의 혼란과 두려움을 잠재우는 가장 좋은 방법이다. 회복탄력성은 자신이 어떻게 삶의 도전을 헤쳐 나왔는지 설명하는 자전적 이야기에서 비롯되기도 한다.

이 책을 읽는 당신이, 여기 담긴 다양한 이야기를 읽으면서, 자신에게 스스로 말하는 이야기가 현재 자신의 모습에 얼마나 많은 영향을 주었는지 깨닫기를 기대한다. 이 책을 읽다 보면, 당신 자신도 수많은 이야기에 얽혀서 살아왔고, 그 이야기가 주변 세상을 어떻게 보게 만들었는지 알게 될 것이다. 예를 들어, 신앙의 기초와 행동 윤리를 가르쳐준 종교 이야기나 어린 시절에 접한 우화가 당신의 가치관에 미친 영향을 생각해 보라. 그리고 한 나라의 역사나 가족사에 관한 이야기가 자신의 정체성이나 다른 사람을 대하는 태도에 어떻게 작용하였는지 생각해 보라. 이야기는 당신이 한동안 잊고 지낸 것을 다시 불러낼 뿐 아니라, 아직 상상조차 해보지 못한 것도 떠올리게 해준다.

자신의 이야기를 어떻게 풀어내느냐에 따라
정신 건강과 자신감이 좌우된다는 것은 진부한 말처럼 들릴지 모른다.

이 책에서 내가 또 하나 전하고 싶은 메시지는, 인간은 본능적으로 이야기를 갈망하고 있고, 스토리텔링이 인간의 존재 방식의 일부라는 것이다. 스토리텔링은 역사의 한 형태이고, 사라지지 않고 기억 속에 오랫동안 남는다. 우리는 세대를 건너 전해지는 이야기의 힘을 경험한 적이 있다. 이야기하고, 이야기를 듣는 행위는 서로 떨어져 있다는 착각을 허물고, 함께 연결되어 있다는 깊은 유대감을 만들어내는 의식이다.

이 책을 통해, 당신이 더 나은 이야기를 할 수 있기를 바란다. 이제 당신이 알게 된 것을 바탕으로, 이야기 속에 숨겨진 수많은 의미를 감지할 수 있을 것이다. 나는 또한 다양한 성격 장애의 양상을 다룬 다소 불편한 이야기도 함께 담았다. 이런 이야기를 통해 자신의 삶에 대한 더 깊은 통찰을 얻고, 그 결과 자신의 삶을 현재 진행 중인 이야기로 풀어갈 수 있을 것이다. 그렇게 할 때, 자기의 이야기가 지금의 당신을 어떻게 만들어왔는지 더 잘 이해하게 될 것이다.

이야기는 당신이 한동안 잊고 지낸 것을 다시 불러낼 뿐 아니라,
아직 상상조차 해보지 못한 것도 떠올리게 해준다.

파리스의 심판

이제 더 분명해졌겠지만, 스토리텔러의 역할은 당신에게 어떻게 생각하라고 말하는 것이 아니라, 스스로 생각해 보게 하는 질문을 던지는 것이다. 그런 의미에서 나는 당신의 생각을 자극할 이야기 하나를 더 하면서 이 책을 마무리하려고 한다. 이 이야기는 지금까지 다룬 이야기처럼 여러 가지 명시적 또는 암시적 메시지를 품은, 서구 문명에 큰 영향을 끼친 매우 잘 알려진 이야기다. 겉보기엔 단순한 미인대회 이야기처럼 보이지만 그 안에는 훨씬 깊은 의미가 담겨 있다. 사실 문화적 맥락에서 보면, 이 이야기는 미인대회의 원조라고도 할 수 있다. 미인대회는 흔히 참가자와 관중들 사이에 논쟁을 불러일으키지만, 이 미인대회의 판정은 훨씬 더 크고 무거운 의미를 지녔다. 이 대회의 심사위원으로 지목된 이는 인간 본성을 이루는 가장 본질적인 욕망 가운데 하나를 선택해야 했고, 그 어떤 선택을 하더라도 그 결과는 극적일 수

밖에 없었다. 실제로 이 이야기가 말해주듯, 어떤 선택을 하느냐에 따라 이 미인대회의 결과는 전쟁과 파괴, 죽음을 불러올 수 있었다.

내가 말하려는 이야기는 바로 '파리스의 심판The Judgment of Paris'이다. 고대 그리스 신화에 등장하는 이 유명한 이야기는 호메로스가 쓴 고대 서사시 『일리아스Iliad』에 나오는데, 트로이 전쟁Trojan War의 발단이 된 사건이다. 파리스가 내린 선택은 결국 트로이의 몰락으로 이어졌다. 예상할 수 있듯이, 호메로스는 이 이야기를 통해 "소원을 빌 때 신중해라."는 교훈을 전하려 했다. 그러나 그는 그 교훈은 직접 말하기보다, 신과 여신들의 상징적 존재를 활용하여 이야기를 듣는 사람이 스스로 그 의미를 찾아내도록 했다. 결국 이 이야기는 우리에게 도전적 질문을 던진다. 만약 당신이 심사위원이라면 어떻게 했을 것인가? 이 인간적 딜레마 앞에서 당신은 어떤 선택을 했을 것인가?

스토리텔링은 역사의 한 형태이고,
사라지지 않고 기억 속에 오랫동안 남는다.

'파리스의 심판' 이야기는 서구 문화에 큰 영향을 끼쳤다. 철학자, 미술사학자, 심리학자들 모두 이 이야기가 던지는 딜레마에 대해 고민해 왔다. 특히 화가들은 이 이야기에 매료되어, 사랑과 욕망의 결과뿐 아니라 자신들이 생각하는 이상적인 여성미를 그림으로 표현하였다. 이 주제가 널리 인기를 끈 이유, 그리고 많은 예술가가 이 이야기를 작품화한 이유 가운데 하나는 분명히 에로틱한 여성 누드를 그릴 수 있는 기회였고, 그리고 그들의 후원자가 그런 이미지를 즐길 수 있는 좋은 구실이 되었다.

다시 이야기로 돌아가 보자. 사건은 펠레우스 왕King Peleus과 바다의 요정 테티스Thetis의 결혼식에서 비롯되었다. 이 중요한 결혼식에 모든 신과 여신이 초대되었지만, 불화와 갈등의 여신인 에리스Eris가 초대되지 않은 것은 어쩌면 당연했다. 에리스는 어디를 가든지 항상 증오와 다툼을 만들었기 때문이다. 그러나 불행히도 그녀를 초대하지 않은 일은 예상하지 못한 결과를 낳았다. 결혼 축제에서 불화를 피하려던 이 선택은 역설적으로 그리스 전역에 상상할 수 없는 큰 화를 불러왔다.

에리스는 축제가 열린다는 소식을 듣고, 사람들 눈에 보이지 않는 모습으로라도 축제에 가기로 마음먹었다. 자신이 초대받지 못한 것에 앙심을 품고 결혼 축제를 망치고 싶었던 에리스는 '가장 아름다운 사람에게'라는 문구가 새겨진 황금 사과 하나를 가지고 왔다. 이 황금 사과를 얻기 위해 세 여신이 나섰다. 결혼의 여신이자 제우스Zeus의 아내인 헤라Hera, 지혜와 전쟁의 여신이자 제우스의 딸인 아테나Athena, 그리고 사랑과 아름다움의 여신 아프로디테Aphrodite였다. 흥미롭게도 남자 신들은 아무도 나서지 않았다.

당연히 모든 신의 왕인 제우스가 최종 선택을 해야 할 것으로 여겨졌다. 그렇지만 제우스는 고민하다가 자신이 결정을 내리지 않기로 했다. 세 여신 가운데 누구도 실망시키고 싶지 않았다. 자기 아내인 헤라와 딸 아테나 가운데 누구 한 명이라도 선택하지 않으면 곤란해질 게 뻔했고, 특히 자신의 불륜 전력을 고려할 때, 만약 헤라를 선택하지 않으면 두 사람의 불화가 더 깊어질 수 있었다. 그래서 제우스는 자신 대신 다른 누군가에게 이 선택을 맡기자고 제안했다. 제우스는 최근 한 경연에서 뛰어난 공정함을 보여준 인간이 적임자라고 말하며, 트로이 근처 산속에서 양치기로 살고 있는 파리스를 지목했다. 사실 파리스는 트로이의 왕 프리아모스King Priam의 아들인데, 막상 본인은 그 사실조차 모른 채 양치기로 살고 있었다.

제우스의 지시로 전령傳令의 신 헤르메스Hermes가 파리스 앞으로 세 여신을 데려왔다. 아직 젊고 미숙한 파리스는 제우스의 뜻을 전해 들은 후 세 여신을 바라보았지만, 선뜻 결정을 내리기 어려웠다. 그러자 세 여신은 자신의 아름다움을 증명하겠다며 모두 옷을 벗었다. 파리스가 다시 그들을 바라보는 동안, 세 여신은 파리스에게 각각 선물을 내걸었다. 그 선물은 모두 거절하기 힘든 제안이자 노골적인 뇌물이었다. 헤라는 권력power을 약속했다. 자신을 선택하면 헤아릴 수 없는 부와 모든 나라를 다스릴 권세를 주겠다고 약속했다. 이어서 아테나는 위대한 지혜wisdom와 함께 전투에서 절대 지지 않는 전사戰士가 되게 해주겠다고 했다. 마지막으로 아프로디테는 사랑love으로 유혹하며, 세상에서 가장 아름다운 여인을 아내로 얻게 해주겠다고 말했다.

물론 세 여신 가운데 누구도 자신의 선물이 불러올 치명적인 결과에 대해서는 말하지 않았다. 헤라는 유럽과 아시아를 다스릴 권력을 약속했지만, 그 권력이 초래할 참혹한 결과에 대해서는 말하지 않았다. 아테나는 파리스를 세상에서 가장 위대한 전사로 만들어주겠다고 했지만, 이것은 전쟁에서 승리하더라도 수많은 사람이 희생되어야 한다는 것을 의미했다. 마지막으로 아프로디테 역시 자신이 약속한 아름다운 여인이 이미 결혼한 상태라는 사실을 말하지 않았다.

우리가 신화를 통해 이미 알고 있듯이, 파리스는 자신의 선택이 어떤 결과를 가져올지 조금도 헤아리지 못한 채 황금 사과를 아프로디테에게 건넸다. 그러나 자신이 선택하지 않은 다른 두 여신이 어떻게 반응할지는 전혀 생각하지 못했다. 결국 이들의 분노는 트로이 전쟁에서 드러나는데, 헤라와 아테나는 아카이아(그리스) 군을 편들었고, 아프로디테만 트로이를 돕고자 했다.

인간 본성을 고려할 때, 평범한 인간이라면 성적 욕망이 다른 모든 것을 압도하는 것이 당연하다는 것이 이 이야기의 핵심이었을까? 왜 파리스는 자신의 선택이 가져올 결과를 깊이 생각하지 않았을까? 왜 파리스는 헤라와 아테나의 제안을 충분히 고려하지 않았을까?

파리스가 아프로디테를 선택한 후, 아프로디테는 세상에서 가장 아름다운 여인이 스파르타 왕King of Sparta 메넬라오스Menelaus의 아내 헬레네Helen임을 밝혔다. 헬레네의 치명적인 문제점에도, 아프로디테는 약속을 지켰다. 그렇지만 경솔해 보이는 아프로디테 역시 자기 행동이 초래할 결과를 미처 생각하지 못했던 듯하다.

트로이의 왕자 신분을 되찾은 파리스는 메넬라오스 왕에게 줄 값진 선물을 가지고 스파르타로 향했다. 예상할 수 있듯이 아프로디테의 도움을 받아, 파리스는 헬레네를 설득해서 트로이로 데려왔다. 다만 그녀가 자발적으로 따라온 것인지, 아니면 납치된 것인지는 이야기 속에서 분명하지 않다. 그러나 분명한 것은 헬레네가 파리스와 함께 트로

이로 감으로써 당대 최대의 전쟁인 트로이 전쟁이 일어났고, 그 전쟁은 무려 10년이나 이어졌다는 사실이다.

신들의 이야기는 언제나 인간 행동에 대한 도덕적 교훈과 은유를 품고 있다. '파리스의 심판' 이야기도 우리가 맞닥뜨리는 선택의 순간에 무엇을 가장 중요하게 여길지를 성찰하게 만든다. 당신이라면 아프로디테의 열정을 따를 것인가, 헤라의 가정적 의무를 지킬 것인가, 아니면 아테나의 지혜를 취할 것인가? 분명 파리스의 처지에서 생각해 보면 어떤 결정을 하더라도 난처한 상황이었음이 분명하다. 파리스가 처한 상황은 어떤 선택을 하더라도 심각한 결과를 초래할 수밖에 없는 일종의 파우스트 딜레마Faustian predicament[1]이었다. 누구를 선택하든 갈등과 불화는 피할 수 없었다. 그렇다면 그는 다른 선택을 할 수 있었을까?

이성적으로 본다면 파리스는 헤라를 선택했어야 했다. 조금만 더 깊이 생각해 본다면, 헤라가 가장 영향력이 큰 여신이라는 것은 분명한 사실이다. 아테나는 전장의 승리와 지혜를, 아프로디테는 가장 아름다운 여인을 주겠다고 약속했지만, 헤라는 권력을 약속했다. 게다가 헤라의 영향력과 분노는 아테나나 아프로디테보다 훨씬 더 치명적이었다. 비록 헤라가 자신의 힘을 자주 드러내지 않았어도, 아무도 그녀를 거스르려고 하지 않았다. 신들의 왕인 제우스조차 헤라를 두려워할 정도였으니, 파리스도 마땅히 그랬어야 하지 않았을까?

1) [역자 주] 괴테의 『파우스트』에서 비롯된 개념으로, 무한한 욕망을 좇는 과정에서 맞닥뜨리는 도덕·윤리적 갈등을 뜻한다. 작품에서 파우스트는 악마와 계약을 통해 지식·권력·쾌락을 추구하지만, 그 대가와 구원의 가능성 사이에서 끊임없이 갈등한다.

물론 파리스가 헤라를 선택했다면, 헤라는 매우 만족했을 것이다. 파리스는 헤라를 자기 편으로 두는 것이 얼마나 큰 이득이 된다는 것을 미처 몰랐다. 우리가 알고 있듯이, 헤라는 늘 헌신적인 여신이었다. 제우스의 끝없는 외도에도 묵묵히 자리를 지켰고, 한번 인정한 사람에게는 아낌없는 도움을 베풀었다. 만약 파리스가 헤라의 환심을 샀다면, 비록 아테나와 아프로디테처럼 강력한 여신에게 미움을 받더라도, 헤라의 보호 덕분에 그들이 파리스를 건드리지 못했을 것이다. 비록 두 여신이 자신을 선택하지 않았다는 이유로 파리스를 저주하더라도, 헤라는 그 저주를 모두 막아주었을 것이다. 게다가 헤라가 파리스를 유럽과 아시아, 곧 고대 세계 전체의 통치자로 만들어주겠다는 제안은 엄청나게 매력적인 것이었다.

다른 두 여신의 제안은 애초에 헤라의 제안과 같은 선상에서 비교하기 어려웠다. 지혜를 얻거나 전쟁에서 위대한 전사가 되는 것도 대단하지만, 길게 보면 권력이 훨씬 더 유용하다. 물론 파리스가 아테나를 선택했다면 부와 명예를 두루 갖춘, 위세 높고 존경받는 인물이 되었을 수 있지만, 헤라를 거스리는 일은 너무 위험했다. 반대로 아프로디테의 미움을 사면 파리스는 사랑을 얻지 못했을 것이다. 그러나 여기서 주목할 점은, 파리스가 헤라를 선택했더라도 지혜의 여신 아테나는 원한을 오래 품는 성격이 아니었고, 사랑의 여신 아프로디테는 신뢰할 만한 인물도 아니고, 헬레네를 선택한 일에서 보듯이 치밀하게 계획하는 사람도 아니었다는 사실이다. 결국 아프로디테의 마법은 풀렸고, 헬레네는 남편 곁으로 돌아갔고, 파리스는 아무것도 얻지 못한

셈이 되었다.

물론, 파리스가 아프로디테를 선택한 이유는 정말로 그녀가 세 여신 가운데 가장 아름다웠기 때문일 수도 있다. 그러나 그때 파리스의 정신이 과연 온전했을까? 산속에서 혼자 살아온 외로움이 그를 지치게 했고, 그것이 성적 욕망을 부추겨 세상에서 가장 아름다운 여인과 사랑에 제일 많이 끌렸을 수 있다. 불행히도 파리스는 그 성적 욕망 때문에 이성적 사고를 하지 못한 듯하다. 물론 정말로 헬레네가 그 정도로 아름다워서 단 하루라도 헬레네의 남편이 되는 것이 세상을 지배하거나 소유하는 것보다 더 매력적으로 느껴졌을 수도 있다.

만약 파리스가 창의적으로 생각했더라면, 역설적인 방식으로 개입할 수 있었을 것이다. 예컨대 이 모든 혼란의 원인이 불화와 갈등의 여신인 에리스라는 것을 우연히 들은 후, 에리스가 가장 아름답다고 말했더라면 어땠을까? 만약 그렇게 했다면 에리스의 악의적인 계략을 무산시켰을 것이다. 에리스를 화나게 만들 수 있었겠지만, 아마도 다른 모든 신은 파리스의 편을 들고, 에리스가 화내는 모습을 보며 즐거워했을지도 모른다. 혹은, 또 다른 가능성으로, 에리스가 순진하게 파리스의 선택을 칭찬으로 받아들였을 수도 있다. 그렇게 되었다면 이 모든 사건은 아무 문제 없이 흐지부지 끝났을 가능성도 있다.

파리스가 시도할 수 있었던 또 다른 기발한 대응은, 세 여신에게 자신이 누구를 선택하든 그 결정이 자신이나 사랑하는 사람에게 부정적인 결과를 초래하지 않겠다고 맹세하게 만드는 것이다. 만약 여신들이 이를 거부한다면, 그는 아무도 선택하지 않겠다고 선언할 수 있다. 예를 들어, 세 여신이 모두 아름다워서 도저히 한 사람을 선택할 수 없다고 대답하는 것이다. 만약 그렇게 대답했다면, 제우스의 명령을 거부한 데 대해 벌을 받지 않고 무사히 넘어갈 수 있었을 것이다.

내면의 부름

물론 내가 이 마지막 이야기를 한 이유는, 그 속에 담긴 다양한 의식적·무의식적 메시지에 대해 독자들의 호기심을 자극하기 위해서다. 앞서 언급했듯이, 스토리텔링이 갖는 힘은 메시지를 전달하는 데 있고, 그 메시지는 흔히 도덕적 성격을 띤다. 그렇지만 파리스는 이런 메시지를 읽어내지 못했다. 분명 파리스는 미인 대회의 심사자로서 갖춰야 할 상식조차 보여주지 못했다. 그는 '세 번째 귀the third ear'[2]로 듣지 못했고, 겉으로 드러나지 않은 것을 볼 수 있는 '야간 투시 능력night vision'[3]도 없었다. 그 결과, 파리스는 자신의 선택이 초래할 결과를 전혀 예상하지 못했다.

그렇지만 여러 가능한 대안에도, 또는 여신들의 뇌물 제안을 고려

2) [역자 주] 정신분석가 테오도르 라이크Theodor Reik가 1948년에 발표한 《Listening with the Third Ear: The Inner Experience of a Psychoanalyst》에서 제시한 개념으로, 상대방의 표면적인 말 너머에 숨겨진 의미, 감정, 의도, 무의식적인 욕망 등을 감지하는 능력을 의미한다.

3) [역자 주] 맨프레드 교수가 제시한 개념으로, 피상적인 것으로만 상황이나 대상을 판단하지 않고, 숨겨진 무의식적 동기와 역동을 탐색하고 인식하는 정신분석적 통찰 역량을 의미한다.

하지 않고 파리스가 선택했더라도 부정적인 결말을 피할 수 있었는지는 여전히 의문이다. 어차피 트로이 전쟁은 제우스가 계획한 사건이었다고 전해진다. 파리스가 태어났을 때 이미 그가 트로이를 파멸시킬 것이라는 예언이 내려졌다. 결국 '파리스의 심판' 훨씬 이전에 모든 일은 이미 예정되어 있었던 셈이다.

그런데도 '파리스의 심판'이라는 신화가 지금까지 그 의미를 잃지 않은 이유는 다른 신화와 마찬가지로 인간 본성의 근원적 주제를 다루기 때문이다. 성과 불륜, 남성적 힘과 여성적 힘, 남성의 어리석음, 오만, 탐욕, 질투와 시기심, 이 모든 것은 수천 년이 흐른 지금까지도 여전히 울림을 준다. 결국, 이런 주제야말로 인간을 몰락으로 이끄는 가장 흔한 원인이다.

결국 모든 것을 종합해 보면, 이 이야기가 주는 도덕적 메시지는 분명하다. 무엇을 선택할 것인가? 가정적 가치(헤라), 지혜(아테나), 아니면 성적 욕망(아프로디테)? 인간은 태초부터 이 세 가지 주제를 마주해 왔다. 그리고 이 세 가지 주제가 얽힐 때는, 당신이 원하는 것이 어떤 결과를 가져올지 신중히 생각해야 한다. 충동적인 행동에는 반드시 결과가 따름을 알아야 한다. 파리스처럼 빠른 해결책에 기대고 싶겠지만, 그런 손쉬운 해결책은 대부분 오래 지속되지 않는다. 재앙을 피하기 위해 파리스는 "너 자신을 알라Know thyself."라는 고대 그리스의 지혜를 따랐어야 했다. 자신의 삶을 잘 살려면, 자기 이해와 자기 인식이 제일 중요하고, 오만에 빠져서는 안 된다. 철학자 헨리 소로Henry David Thoreau가 말했듯이, "중요한 것은 무엇을 보느냐가 아니라, 그 속에서 무엇을 깨닫느냐에 있다."[4]

지혜는 서두른다고 얻어지는 것이 아니다.

지혜는 때가 되어야 우리에게 찾아온다.

지혜는 우리 안에 늘 있지만, 조용히 귀 기울일 때에 비로소 들린다.

지혜란 삶의 경험 속에서 자연스럽게 빚어지는 것이다.

그리스 철학에 "모든 일에는 절제가 필요하다moderation in all things."라는 격언이 있다. 파리스는 세 여신이 제시한 '선물'이 절제와는 거리가 멀다는 것을 알아차렸어야 했다. 신화가 말해주듯이, 어느 한쪽으로 치우친 선택은 예기치 못한 결과를 불러온다. 이 책을 읽으면서, 자신의 이야기를 말하고, 동시에 다른 사람의 이야기를 잘 듣는 것이 지혜로운 선택을 하는 데 도움이 된다는 것을 배웠을 것이다. 동시에, 지혜는 서두른다고 얻을 수 있는 것이 아니라는 것도 깨달았을 것이다. 지혜는 때가 되어야 우리에게 찾아온다. 지혜는 우리 안에 늘 있지만, 조용히 귀 기울일 때에 비로소 들린다. 지혜란 삶의 경험 속에서 자연스럽게 빚어지는 것이다. 그러므로 이야기가 지닌 힘이 크다는 것을 안다면, 그 이야기 속에 지혜를 심어야 한다.

결국 스토리텔링은 나만을 위한 것이 아니다. 다음 세대를 위해 이야기를 전하는 것은 우리의 책임이다. 그것이 인간의 역사를 이어가는

4) Henry David Thoreau (1851). "Journal ii, 1850–September 15, 1851." in Bradford Torrey (ed.), *The Writings of Henry David Thoreau, Vol. 8*. Boston, MA and New York: Houghton Mifflin.

길이며, 망각에 맞서는 방법이다. 스토리텔링은 세상에 새로운 생각을 전하는 가장 강력한 수단이다. 이야기는 생각하게 만들고, 느끼게 하며, 우리를 다른 세계로 이끈다. 그리고 무엇보다도 이야기는 변화를 만든다. 그러므로 우리가 사는 이 세상을 바꾸고 싶다면, 먼저 나 자신의 이야기를 바꾸려는 노력부터 시작해야 한다.

다음 세대를 위해 이야기를 전하는 것은 우리의 책임이다.

에피그래프 출처

서문

Molière (2008 [1668]). Amphitryon. Act II, Scene III. Translated by A. R. Waller. Project Gutenberg. Available at: https://www.gutenberg.org/files/2536/2536-h/2536-h.htm

Lewis Carroll (1865). *Alice's Adventures in Wonderland*. London: Macmillan.

1장

R. Campbell Thompson (trans.) (1928). *The Epic of Gilgamesh*. London: Luzac & Co.

2장

George Bernard Shaw (1944). "Creed and Conduct." In *Everybody's Political What's What?* London: Constable and Company, p. 133.

Charles Dickens (1894 [1861]). *Great Expectations*. London: Chapman & Hall, p. 366.

3장

Leo Tolstoy (1899). *Resurrection*. Book 1, Chapter LVIX. First English edition, 1900. London: Frances Riddell Henderson.

4장

Abraham Lincoln (1889 [1842]). *An Address Delivered by Abraham Lincoln, before the Springfield Washingtonian Temperance Society, at the Second Presbyterian Church, Springfield, Illinois, on the 22d Day of February, 1842*. Springfield, IL: O. H. Oldroyd.

Rudyard Kipling (1909). "Wressley of the Foreign Office." In *Plain Tales from the Hills*. New York: Nottingham Society.

Kenneth Grahame (1913 [1908]). *The Wind in the Willows*. New York: Charles Scribner's Sons.

5장

Ralph Waldo Emerson (1890 [1838]). "Literary Ethics." Address to the Literary Societies of Dartmouth College, 24 July 1838. New York: Thomas Y. Crowell & Co.

Rainer Maria Rilke (1932 [1929]). *Briefe an einen jungen Dichter*. [Letters to a Young Poet.] Leipzig: Insel Verlag. Author's translation.

6장

Marcus Aurelius (1910 [c. AD 121–180]). *The Meditations of Marcus Aurelius*. Book x.16. Translated by George Long. London: Blackie & Son.

André Gide (1927 [1925]). *The Counterfeiters*. Translated by Dorothy Bussy. New York: Alfred A. Knopf.

Lau-Tsze (1868 [sixth century BC]). *The Speculations on Metaphysics, Polity, and Morality, of "the Old Philospher," Lau-Tsze*. Translated by John Chalmers. London: Trübner & Co, Chapter XXXIII.

7장

Arthur Schopenhauer (1887 [1818]). *The World as Will and Idea*. Translated by R. B. Haldane and J. Kemp. Boston, MA: Ticknor and Company, Volume II.

Johann Peter Eckermann (1850). *Conversations of Goethe with Eckermann and Soret*. Translated by John Oxenford. London: Smith, Elder, and Co. Originally pub¬lished in German, 1836–1848.

Franz Kafka (1925). *Der Prozess*. [The Trial.] Germany: Verlag die Schmiede. Author's translation.

8장

Alexander Berkman (1912). *Prison Memoirs of an Anarchist*. New York: Mother Earth Publishing Association.

Thomas Carlyle (1841). "Lecture III: The Hero as Poet." In *On Heroes, Hero-Worship, & the Heroic in History*. London: James Fraser.

9장

Friedrich Nietzsche (1889). *Götzen-Dämmerung, oder wie man mit dem Hammer philosophirt.* [The Twilight of the Idols, or how to philosophise with a hammer.] Leipzig: Verlag Von C. G. Neumann. Author's translation.

Benjamin Disraeli (1880). *Endymion*, vol 2. London: Longmans, Green, and Co.

Plutarch (1693 [c. second century AD]). *Plutarch's Lives Volume III: Q. Sertorius. Translated from the Greek by Several Hands*. London: Jacob Tonson.

10장

Merle Johnson (ed.). (1927). *More Maxims of Mark*. Privately printed.

Niccolò Machiavelli (1883 [1517]). *Discourses on the First Decade of Titus Livius*. Translated by Ninian Hill. London: Kegan Paul, Trench & Co.

11장

Leo Tolstoy (1899 [1878]). *Anna Karenina. Translated by Nathan Haskell Dole*. New York: Thomas Y. Crowell & Co. [Passage in German.]

Sigmund Freud (1963 [1908]). "'Civilized' Sexual Morality and Modern Nervousness." In *Sexuality and the Psychology of Love*. New York: Simon & Schuster, p. 25.
D. H. Lawrence (1932). *Lady Chatterley's Lover*. London: Martin Secker.

12장

Gilbert K. Chesterton (1905). *Heretics*. London: Bodley Head, p. 31.
Marcus Aurelius (1910 [c. AD 121-180]). *The Meditations of Marcus Aurelius*. Book vii.61. Translated by George Long. London: Blackie & Son.
Arthur Schopenhauer (1902 [1851]). "On Noise." In *Studies in Pessimism*. Translated by T. Bailey Saunders. New York: A. L. Burt Co.

맺는 말

Homer (1898 [c. eighth century BC]). *The Iliad of Homer*. Translated by Samuel Butler. London: Longmans, Green, and Co.

색인

저자 및 역자 소개

저자: 맨프레드 F. R. 케츠 드 브리스

맨프레드 케츠 드 브리스Manfred F. R. Kets de Vries 교수는 기존에 많이 연구되었던 조직 역동, 리더십, 임원 코칭, 그리고 심리치료에 대해 색다른 관점을 제시한다. 경제학(암스테르담대학 경제학 박사), 경영학(ITP, MBA, DBA, 하버드 경영대학원), 정신분석학(캐나다, 파리 정신분석학회 및 국제 정신분석협회 회원)에 대한 자신의 지식과 경험을 활용해서 개인과 사회적 차원의 실존적 딜레마를 깊이 연구한다.

INSEAD 리더십 개발 및 조직 변화 분야의 임상석좌교수인 그는 INSEAD의 변화관리 학위과정 EMCExecutive Master Program in Change Management의 창립자이다. 또한 그는 조직과 개인의 변화를 돕기 위한 개입 방법인 팀 코칭의 선구자이다. 교육자로서 그는 INSEAD에서 우수 MBA 교수상을 여섯 차례 수상했다. 그는 캐나다 몬트리올의 맥길대학McGill University과 EDHEC 경영대학원, 하버드 경영대학원Harvard Business School에서 교수로 재직했으며, 베를린의 유럽경영기술대학원

(ESMT)에 객원 석좌교수로 활동하고 있다. 그는 전 세계 경영교육 기관에서 강연을 하고 있다. 파이낸셜 타임즈The Financial Times, 르 캐피탈Le Capital, 비르트샤프츠보헤Wirtschaftswoche, 이코노미스트Economist에서 맨프레드 교수를 세계 최고의 경영 사상가이자 리더십 연구 및 인적자원관리 분야에서 가장 영향력 있는 사람 가운데 한 명으로 평가했다.

맨프레드 교수는 아래 목록의 책을 포함하여 50권 이상의 책을 저술하거나, 공동 저술 또는 편집하였다.[1] 『신경증적 조직The Neurotic Organization』, 『권력과 조직 마인드Power and the Corporate Mind』, 『조직 패러독스Organizational Paradoxes』, 『악마와의 갈등: 개인과 조직의 비합리성에 대한 관점Struggling with the Demon: Perspectives on Individual and Organizational Irrationality』, 『성격연구 핸드북Handbook of Character Studies』, 『비이성적 리더The Irrational Executive』, 『리더의 마음*Leaders, Fools and Impostors』, 『CEO라는 이름의 고독*Life and Death in the Executive Fast Lane』, 『리더십의 포로Prisoners of Leadership』, 『리더십 비결The Leadership Mystique』, 『행복 방정식The Happiness Equation』, 『리더는 만들어지는가, 아니면 태어나는가?: 알렉산더 대왕의 사례Are Leaders Made or Are They Born?: The Case of Alexander the Great』, 『러시아의 새로운 비즈니스 엘리트The New Russian Business Elite』, 『리더십 테러: 샤카 줄루의 리더십Lessons on Leadership by Terror: Finding Shaka Zulo in the Attic』, 『리더 심리치료The Leader on the Couch』, 『코치 앤 카우치*Coach and Couch』, 『가족기업 심리치료The Family Business on the Couch』, 『삶의 진정성:

1) [역자 주] 맨프레드 교수의 저서 가운데 현재 한국어로 번역된 책은 (*)로 표시하고 한국어 번역서의 제목을 사용하였다. 한국어로 번역되지 않은 책의 경우, 책의 내용을 반영하여 역자가 임의로 한국어 제목을 정하였다.

리더의 성, 돈, 행복 그리고 죽음에 관한 인생 탐구*Sex, Money, Happiness, and Death: The Quest for Authenticity』, 『리더십과 성격에 대한 고찰Reflections on Leadership and Character』, 『리더십과 경력에 대한 고찰Reflections on Leadership and Career』, 『조직에 대한 고찰Reflections on Organizations』, 『코칭 만화경The Coaching Kaleidoscope』, 『고슴도치 효과: 고성과 팀의 비밀The Hedgehog Effect: The Secrets of High Performance Teams』, 『정신역동 마음챙김 리더십: 내면으로의 여정과 코칭*Mindful Leadership Coaching: Journey's into the Interior』, 『낯선 리더를 만나다: 임원 코칭의 도전과제You Will Meet a Tall Dark Stranger: Executive Coaching Challenges』, 『리더는 어떻게 성장하는가: 리더가 스스로 던져야 할 5가지 질문*Telling Fairy Tales in the Boardroom: How to Make Sure Your Organization Lives Happily Ever After』, 『리더십 롤러코스터: 최고의 리더들은 어떻게 탁월함을 얻는가*Riding the Leadership Rollercoaster: An observer's guide』, 『리더십 그림자: 일상 속 리더십 병리학Down the Rabbit Hole of Leadership: Leadership Pathology of Everyday Life』, 『경영자의 마음: 리더십, 인생, 변화에 관한 명상록*The CEO Whisperer: Meditations on Leadership, Life, and Change』, 『쿼바디스: 팬데믹 시대, 죽음과 리더의 실존적 도전*Quo Vadis?: The Existential Challenges of Leaders』, 『리더의 속살: 추악함, 사악함, 기괴함*Leadership Unhinged: Essays on the Ugly, the Bad, and the Weird』, 『지혜 방정식: 불확실한 시대, 지혜로 이끄는 법*Leading Wisely: Becoming a Reflective Leader in Turbulent Times』, 『리더의 일상적 위협: 모래 늪에서 허우적거릴 때 살아남는 방법*The Daily Perils of Executive Life, How to Survive When Dancing on Quicksand』, 『진정한 리더십: 재생과 순환의 길The Path to Authentic Leadership: Dancing with the Ouroboros』, 『삶의 지혜를

찾아서: 카바우터와 대화A Life Well Lived: Dialogues with a Kabouter』, 『리더십의 어두운 생태학The Darker Side of Leadership: Pythons Devouring Crocodiles』. 또한 그는 현재 널리 사용되고 있는 '글로벌 임원 리더십 미러Global Executive Leadership Mirror', '글로벌 임원 역량 목록Global Executive Leadership Inventory', '조직문화 진단검사Organizational Culture Audit'를 포함한 다양한 글로벌 리더십 및 조직문화를 측정하는 다면평가 도구를 설계했다.

맨프레드 교수는 400편 이상의 학술 논문을 학술지에 게재하거나 책의 개별 장chapter의 형태로 발표하였다. 그리고 올해의 우수사례 연구상Best Case of the Year을 받은 7개의 사례 연구를 포함하여 100개 이상의 사례 연구를 작성하였다. 그는 하버드 비즈니스 리뷰Harvard Business Review, INSEAD Knowledge 및 기타 디지털 매체에 수백 개의 기고문을 썼다. 또한 맨프레드 교수는 각종 잡지에 정기적으로 기고하고 있다. 그의 글은 뉴욕 타임즈The New York Times, 월스트리트 저널The Wall Street Journal, LA 타임스The Los Angeles Times, 포천Fortune, 비즈니스 위크Business Week, 이코노미스트The Economist, 파이낸셜 타임스The Financial Times, 스트레이츠 타임즈The Straits Times, The New Statesman, 하버드 비즈니스 리뷰, 르 피가로Le Figaro, 엘 파이스El Pais, 앳 피나이샐러 다흐블라트Het Financieele Dagblad 등의 신문과 잡지에 게재되었다. 그의 책과 글은 30개 이상의 언어로 번역되었다.

맨프레드 교수는 17개 학술지 편집위원으로 활동하고 있으며, 경영학회Academy of Management의 펠로우이자 여러 자선단체의 이사로 활동하고 있다. 그는 또한 국제조직정신분석학회International Society for the

Psychoanalytic Study of Organization(ISPSO)의 창립회원으로서 이 학회의 평생회원으로 추대되었다. 또한 맨프레드 교수는 리더십 연구와 개발에 기여한 공로로 국제리더십협회 평생공로상International Leadership Association Lifetime Achievement Award을 미국인이 아닌 연구자로는 처음으로 수상했다. 그는 경영자교육 분야 발전에 기여한 공로를 인정받아 독일에서 평생공로상Lifetime Achievement Award을 받았다. 미국심리학회The American Psychological Association는 조직 상담Organizational Consultation에 기여한 공로를 인정해 그에게 해리-미리암 레빈슨 상Harry and Miriam Levinson Award을 수여했다. 그는 또한 경영학과 정신분석학의 접점 영역에 관한 연구를 인정받아 프로이트 기념상Freud Memorial Award을 수상했다. 맨프레드 교수는 INSEAD에서 교수 능력을 인정받아 도미니크 휴 기념상Dominique Héau Award for Inspiring Educational Excellence을 첫 번째로 수상했다. 그는 또한 4개의 명예박사 학위를 받았다. 그는 네덜란드 정부로부터 오란제 나소 훈장Officer in the Order of Orange Nassau을 받았다.

맨프레드 교수는 글로벌 기업의 조직 설계, 변화 및 전략적 인적자원관리 분야의 컨설팅을 수행하고 있다. 교육자이자 컨설턴트로서 그는 40여 개국에서 활동하고 있다. 컨설팅을 수행하기 위해 그는 KDVIKets de Vries Institute를 설립하고 회장직을 맡고 있다. KDVI는 전 세계에 협력 네트워크를 갖춘 소규모 글로벌 리더십 전략개발 컨설팅 회사이다(www.kdvi.com)

한편, 맨프레드 교수는 외몽골 최초의 플라이낚시 애호가이고 당시 잡은 시베리아 자이언트 송어Siberian hucho taimen로 세계기록 보유자가 되었다. 그는 뉴욕에 본부를 둔 익스플로러스클럽The Explorers Club의 회원이다. 휴가 기간에는 중앙 및 남부 아프리카 열대우림이나 사바나, 시베리아 수림 지역Siberian taiga, 러시아 우수리 지방Ussuri Krai, 캄차카반도Kamchatka, 파미르 산맥Pamir Mountains과 알타이 산맥Altai Mountains, 호주의 아넘랜드Arnhem Land 또는 북극권 등을 즐겨 탐험한다.

웹사이트: www.kdvi.com

역자: 조경훈

한국외국어대학교 영어과를 졸업하고 IBM을 입사하여 여러 영업 조직의 리더로 근무하면서 다양한 산업의 고객과 관계를 맺고 조직과 리더십을 현장에서 경험하였다. 현재는 임원코치로서 기업의 리더들을 코칭하고, 코칭 교육 프로그램에서 강의하며, 숭실대학교 경영대학에서 학부생을 대상으로 경영학을 가르치고 있다.

맨프레드 교수가 설립한 INSEAD EMCExecutive Master for Change 과정을 수학하며 개인과 집단에 대한 심리학 이론과 새로운 관점을 접한 후, 정신역동과 조직개발 분야에 깊은 관심을 갖게 되었다. EMC 과정 졸업 후 서강대학교 국제대학원의 코칭 교육과정인 MCTPMaster Coach Training Program를 수료하고 리더와 조직의 성장을 돕는 비즈니스 코치로 커리어를 전환하였다. 이후 조직개발과 리더십 분야의 학습을 지속하며, 숭실대학교에서 경영학 박사학위를 취득하였다. 박사 논문은 리더의 겸손을 주제로 겸손리더십이 구성원의 주도적 행동과 성과에 미치는 긍정적 영향을 연구하였다.

그는 국내 기업의 임원과 일선 관리자 뿐 아니라 글로벌 기업에 근무하는 리더를 대상으로 1,800시간 이상의 비즈니스 코칭을 수행하였다. 글로벌 조직에서 문화적 배경이 다른 상사나 팀원과 함께 일한 경험과 개인과 집단의 정신역동, 리더십과 조직행동에 대한 이론을 기반으로 리더의 자아인식을 돕고, 개인의 성장을 위한 변화관리에 중점을 두며 코칭하고 있다. 또한 조직개발 컨설팅과 리더십 교육, 팀 코칭 등 조직 차원의 변화와 성장을 지원하는 다양한 활동에 참여하고 있다.

이메일: kh.cho@insead.edu

발간사

호모코치쿠스 65
『스토리텔링: 내 이야기를 바꾸면, 사람이 움직인다!』

그동안 〈호모코치쿠스〉는 멘프레드 F.R. 케츠 드 브리스의 저서를 공동 저서를 포함하면 8권을 이미 세상에 내놓았다. 그런데도 다시 소개하는 것은 '스토리텔링storytelling'에 초점을 두고 의미와 활용 방안을 밝히고 있기 때문이다. 조직 내 리더와 코치들의 활용을 염두에 두고 있다. 이때 스토리텔링, 즉 '이야기로-말하기'는 사실 우리 일상생활과 가장 밀접한 자연스러운 행위이다. 이를 통해 소통하고 영향을 주고받는다. 말하는 방식, 말하는 이야기-두껍기는 그 자신이 누구인지 됨됨이를 그대로 드러낸다. 짧고 얇다면 생활의 단조로움과 허약함을 짐작하게 한다. 반면에 두텁고 적절한 길이라면 그 삶의 풍성함을 엿보거나 짐작하기 쉽다. 심지어 꾸미고 만들어서 이야기해도 시간이 걸릴 뿐 결과는 마찬가지다. 마치 손가락 지문과 같이 그의 말하기, 이야기는 그의 특성을 그대로 드러낸다.

존 듀이John Dewey가 "우리는 경험 그 자체로부터 배우는 것이 아니라…, 경험을 **성찰**하는 것으로부터 배운다We do not learn from experience… we learn from reflecting on experience."라고 널리 알려져 있다.[1] '경험'을 성찰하는 첫 시도는 '경험을 이야기하기(서사, 내러티브)'에서 출발한다. 경험한 것(할 것)을 이야기로 말하는 과정은 곧 성찰 시작이 된다. 좀 더 조밀하게 말하면, 말하면서 또 말하는 중에 '성찰-됨'이 일어나고 이야기에 추가된다. 내적 성찰 또한 '말하기'를 통해 새롭게 구성된다 곧 경험 내용을 '이야기'로 말하기'는 배움, 곧 앎을 형성하고 자기의 소유로 만드는 과정이다. 그렇다면 '경험-말하기/성찰-앎'이 한 묶음이다. 경험에서 배움을 얻으려면 꼭 '말하기'를 통한 성찰이 필요하다.

이는 속으로 말하기, 독백도 마찬가지다. 경험을 '생각하기thinking'를 통해 속으로 말하거나 대화할 수 있다. 발화하지 않은 말이며, (속)말 하기일 뿐이며 침묵의 외양을 갖는다. 막스 피카르트가 말하는 '오직 말 앞에 있는 침묵이다.'[2]

'이야기로 (전달하기 위한) 말하기'인 스토리텔링은 더 적극적인 말하기이다. 듣는 사람이 상정되고 공감과 흥미가 일어나도록 구성하여 설득력을 높이는 말하기이다. 코칭 관계에서는 두 사람 모두에게서 의도가 두드러진다. 인물과 사건, 상황이 있고, 이야기 속 시간과 말하는 시간 또한 변한다. 말하는 사람의 의도가 섞이며 다양하게 변주된다.

1) 출처가 불분명한 채 널리 회자되나 '경험의 재구성'을 강조해 온 취지에서 이를 그의 주장으로 간주한다.
2) Picard, M. (2003). 『침묵의 세계』 최승자 역. 까치.

이런 스토리텔링은 그 자체 하나의 접근 방식이다.

스토리텔링은 말하기와 말하기 과정에 초점을 두기에 이야기를 만들어 전달하는 행위 자체와 듣는 사람의 반응(공감, 몰입, 기억)을 끌어내며 교류하는 것이다. 반면에 내러티브(敍事)는 같은 '경험한 것 말하기'나 구성된 이야기이다. 구성된 방식, 관점, 맥락과 상황, 담긴 의미 등 전체가 지닌 구조를 의미한다. 이야기로 말해진 후에서 보면 내러티브가 스토리텔링의 상위를 차지한다. 단순히 보면 스토리는 '무슨 일이 일어났는가'에 주목하고, 내러티브는 '그 일이 내게 어떤 의미이고 나는 그것을 어떻게 (해석하여) 말하는가'에 가깝다.

전달 행위(스토리텔링)와 말해진 이야기의 구조(내러티브) 모두 중요하다. 이야기가 지닌 경험을 공유하며 의도와 원함, 가고자 하는 여정과 목표에 주목하는 스토리텔링은 이야기를 서로 체험하며 나누며 변화의 일상화를 도모한다. 반면에 내러티브 접근은 기존 내러티브의 해체, 재구성을 통해 새로운 내러티브를 창조하는 것이다. 이는 곧 새로운 삶이 된다.

스토리텔링은 이야기 방식, 이야기를 구성하는 행위의 변화로 이야기를 성장과 변화의 도구로 활용한다. 이는 곧 삶의 방식과 자신에 대한 변화이다. 가령 이야기하는 방식은 개인과 상황마다 다르다. ①묻는 대로 그냥 말하기, ②불편해도 숨긴 채 시치미 떼고 말하기, ③말하는 자기를 의식하며 말하기, ④다른 사람처럼 슬그머니 흉내 내며 말하기, ⑤타인의 관심과 눈빛을 붙들기 위한 '유혹하며 말하기', ⑥언제나 자기 존재(증명)을 깔고 말하기, ⑦자기-변명을 깔거나 알아채게 말하기, ⑧마치 신처럼 또는 신이 된 양 과장하며 말하기, ⑨후일담 또는 후회하며 말하기 등 많다. 패턴화 된 것도 있으며, 말하기의 톤과 음조도 복잡하게 얽힌다. 이것 자체에 대한 자기 알아차림과 변화만으로도 큰 발걸음이 된다.

질문과 응답 방식의 코칭 대화와 달리 스토리텔링 접근을 구별하고 명확히 정리하는 작업은 리더십과 코칭에 새로움을 준다. 이 저서는 이를 위한 출발점에 서게 한다.

저자의 저술과 연구 성과에 특별한 관심을 지닌 역자는 한땀 한땀 고심하며 내용을 전달하기 위해 노력해 왔다. 그의 다음 도전이 기대된다. 이 책을 읽은 독자들과 함께 코칭의 스토리텔링 접근, 내러티브 리더십 코칭의 새로운 토론 기회가 기대된다.

2025년 12월
새로운 한해를 기다리며
코치 김상복

호모코치쿠스

코칭 튠업 21
: ICF 11가지 핵심 역량과 MCC 역량

김상복 지음

뇌를 춤추게 하라
: 두뇌 기반 코칭 이론과 실제
Neuroscience for Coaching

에이미 브랜 지음
최병현, 이혜진 옮김

마음챙김 코칭
: 지금-여기-순간-존재-하기
Mindful Coaching

리즈 홀 지음
최병현, 이혜진, 김성익, 박진수 옮김

코칭 윤리와 법
: 코칭입문자를 위한 안내
Law & Ethics in Coaching

패트릭 윌리암스, 샤론 앤더슨 지음
김상복, 우진희 옮김

조직을 변화시키는 코칭 문화
How to create a coaching culture

질리안 존스, 로 고렐 지음
최병현, 이혜진 외 옮김

내러티브 상호협력 코칭
: 3세대 코칭 방법론
A Guide to Third Generation Coaching:
Narrative-Collaborative Theory and Practice

라인하드 스텔터 지음
최병현, 이혜진 옮김

임원코칭의 블랙박스
Tricky Coaching

맨프레드 F. R. 케츠 드 브리스 외 편집
한숙기 옮김

마스터 코치의
10가지 중심 이론
Mastery in Coaching

조나단 패스모어 편집
김선숙, 김윤하 외 옮김

코칭·컨설팅
수퍼비전의 관계적 접근
Supervision in Action

에릭 드 한 지음
김상복, 조선경, 최병현 옮김

정신역동과 임원코칭
: 현대 정신분석 코칭의 기초1
Executive Coaching:
A Psychodynamic Approach

캐서린 샌들러 지음
김상복 옮김

수퍼비전
: 조력 전문가를 위한 일곱 눈 모델
Supervision in the Helping Professions

피터 호킨스, 로빈 쇼헤트 지음
이신애, 김상복 옮김

코칭 프레즌스
: 코칭 개입에서 의식과 자각의 형성
Coaching Presence: Building Consciousness and Awareness in Coaching Interventions

마리아 일리프 우드 지음
김혜연 옮김

멘탈력
정신적 강인함에 대한 최초의 이론적 접근
Developing Mental Toughness:
Coaching strategies to improve performance, resilience and wellbeing

더그 스트리챠크직, 피터 클러프 지음
안병옥, 이민경 옮김

리더의 정치학
: 조직개혁과 시대전환을 위한 창발 리더십 모델
Leading Change: How Successful Leaders Approach Change Management

폴 로렌스 지음
최병현, 윤상진, 이종학, 김태훈, 권영미 옮김

게슈탈트 코칭
바로 지금 여기
Gestalt Coaching: Right here, right now

피터 브루커트 지음
임기용, 이종광, 고나영 옮김

영화, 심리학과 라이프 코칭의 거울
The Cinematic Mirror for Psychology and Life Coaching

메리 뱅크스 그레거슨 편저
앤디 황, 이신애 옮김

VUCA 시대의
조직 문화와 피어코칭
Peer Coaching at Work

폴리 파커, 팀 홀, 캐시 크램, 일레인 와서먼 지음
최동하, 윤경희, 이현정 옮김

실존주의 코칭 입문
: 알아차림·용기·주도적 삶을 위한 철학적 접근
An Introduction to Existential Coaching

야닉 제이콥 지음
박신후 옮김

코치 앤 카우치
Coach and Couch

맨프레드 F.R. 케츠 드 브리스 외 지음
조선경, 이희상, 김상복 옮김

고용 가능성
고용+가능성 업그레이드 전략
Developing Employability and Enterprise: Coaching Strategies for Success in the Workplace

더그 스트리챠크직, 샬롯 보즈워스 지음
조현수, 최현수 옮김

강점 기반 리더십 코칭
: 조직 내 긍정적 리더십 개발을 위한 가이드
Strength_based leadership Coaching in Organization An Evidence based guide to positive leadership development

덕 매키 지음
김소정 옮김

영웅의 여정
자기 발견을 위한 NLP 코칭
The Hero's Journey: A voyage of self-discovery

스테판 길리건, 로버트 딜츠 지음
나성재 옮김

정신역동 마음챙김 리더십
: 내면으로의 여정과 코칭
Mindful Leadership Coaching
: Journeys into the interior

맨프레드 F.R. 케츠 드 브리스 지음
김상복, 최병현, 이혜진 옮김

공감으로 완성하는 코칭
: 평범함에서 탁월함으로
Coaching with Empathy.

앤 브록뱅크, 이안 맥길 지음
김소영 옮김

내러티브 코칭

: 새 스토리의 삶을 위한 확실한 가이드

Narrative Coaching: The Definitive Guide to Bringing New Stories to Lif

데이비드 드레이크 지음
김상복, 김혜연, 서정미 옮김

시스템 코칭

: 개인을 넘어 가치로

Systemic Coaching: Delivering Value Beyond the Individual

피터 호킨스, 이브 터너 지음
최은주 옮김

시스템 코칭과 컨스텔레이션

개인, 팀 및 집단에 대한 원칙, 실천 및 적용

Systemic Coaching & Consitellations

존 휘팅턴 지음
가향순, 문현숙, 임정희, 홍삼렬, 홍승지 옮김

유연한 조직이 살아남는다

포스트 코로나 시대
뉴노멀이 된 유연근무제

Flexible Working ㅁ

젬마 데일 지음
최병현, 윤재훈 옮김

쿼바디스

: 팬데믹 시대, 죽음과 리더의 실존적 도전

QUO VADIS?: The Existential Challenges of Leaders

맨프레드 F. R. 케츠 드 브리스 지음
고태현 옮김

단일 회기 코칭과 비연속 일회성 코칭

: 30가지 고유한 특징

Single-Session Coaching and One-At-A-Time Coaching: Distinctive Features

윈디 드라이덴 지음
남기웅, 안재은 옮김

ADHD 코칭

: 정신건강 전문가를 위한 가이드

ADHD Coaching: A Guide for Mental Health Professionals

프란시스 프레벳, 아비가일 레브리니 지음
문은영, 박한나, 가요한 옮김

글로벌 코치 되기

: 코칭 역량과 ICF 필수 가이드

Becoming a Coach

조나단 페스모어, 트레이시 싱클레어 지음
김상학 옮김

10가지 코칭 주제와 사례 연구

: 20개 사례, 40개 논평, 720개 주석, 19개 실습 사례

Complex Situations in Coaching

디마 루이스, 폴린 파티엔 디오숑 지음
김상복 옮김

인지행동 코칭

: 30가지 고유한 특징

Cognitive Behavioural Coaching: Distinctive Features

마이클 니난 지음
엘리 홍 옮김

코칭과 트라우마

: 생존 자기를 넘어 나아가기

Coacjing and Trauma

줄리아 본 스미스 지음
이명진, 이세민 옮김

리더십 팀코칭

: 변혁적 팀 리더십 개발을 넘어

Leadership Team Coaching

피터 호킨스 지음
강하룡, 박정화, 박준혁, 윤선동 옮김

코칭과 정신 건강 가이드
: 코칭에서 심리적 과제 다루기
A Guide to Coaching and Mental Health: The Recognition and Management of Psychological Issues

앤드류 버클리, 캐롤 버클리 지음
김상복 옮김

리더의 속살
: 추악함, 사악함, 기괴함에 관한 글
Leadership Unhinged: Essays on the Ugly, the Bad, and the Weird

맨프레드 F. R. 케츠 드 브리스 지음
강준호 옮김

정신역동 코칭
: 30가지 고유한 특징
– 현대 정신분석 코칭의 기초2
Psychodynamic Coaching: Distinctive Features

클라우디아 나겔 지음
김상복 옮김

경영자의 마음
: 리더십, 인생, 변화에 대한 명상록
The CEO Whisperer: Meditations on Leadership, Life, and Change

맨프레드 F. R. 케츠 드 브리스 지음
강준호 옮김

코칭심리학(2판)
실천연구자를 위한 안내서
Handbook of Coaching Psychology

스티븐 팔머, 앨리스 와이브로우 편저
강준호, 김태리, 김현화, 신혜인 옮김

팀코치 되기
: 팀코칭 가이드
Coaching the Team at Work: The definitive guide to team coaching

데이비드 클러터벅 지음
동국대학교 동국상담코칭연구소 옮김

팀코칭 이론과 실천
팀을 넘어 위대함으로
The Practitioner's handbook of TEAM COACHING

데이비드 클러터벅, 주디 개넌 편집
강하룡, 박순천, 박정화, 박준혁, 우성희, 윤선동, 최미숙 옮김

생의 마지막 여정을 돕는
웰다잉 코칭
Coaching at End of Life

돈 아이젠하워, J. 발 헤이스팅 지음
정익구 옮김

리더의 일상적 위협
: 모래 늪에서 허우적거릴 때 살아남는 방법
The Daily Perils of Executive Life: How to Survive When Dancing on Quicksand

맨프레드 F. R. 케츠 드 브리스 지음
고태현 옮김

리더십 팀코칭 프랙티스(3판)
: 매우 효과적인 팀을 만드는 사례 연구
Leadership Team Coaching in Practice: Case studies on creating highly effective teams

피터 호킨스 편저
강하룡, 박정화, 윤선동, 최미숙 옮김

팀코칭 사례 연구
The Team Coaching Casebook

데이비드 클러터벅, 타미 터너 외 지음
박순천, 박정화, 우성희, 윤선동 옮김

수퍼바이지와 수퍼비전
: 수퍼비전을 위한 가이드
Being Supervised A Guide for Supervision

에릭 드 한, 윌레민 레구인 지음
김상복, 박미영, 한경미 옮김

지혜 방정식
: 불확실한 시대, 지혜로 이끄는 법
Leading Wisely: Becoming a Reflective Leader in Turbulent Times

맨프레드 F. R. 케츠 드 브리스 지음
조경훈 옮김

코칭 윤리 사례 연구
Ethical Case Studies for Coach Development and Practice

웬디-앤 스미스, 에바 허쉬 폰테스, 두미사니 마가드렐라, 데이비드 클러터벅 편저
김상복, 김현주, 이서우 옮김

현대 코칭의 이론과 실천
The SAGE Handbook of Coaching

타티아니 바흐키로바, 고든 스펜스, 데이비드 드레이크 편저
김상복, 윤순옥, 한민아, 한선희 옮김

탁월한 팀을 만드는 55가지 도구와 기법
: 팀코칭 툴킷
The Team Coaching Toolkit: 55 Tools and Techniques for Building Brilliant Teams

토니 르웰린 지음
박순천, 박정화, 윤선동 옮김

관계 중심 팀코칭
Relational Team Coaching

에릭 드 한, 도로시 스토펠스 편저
김현주, 박정화, 윤선동, 이서우 옮김

코칭수퍼비전의 이론과 모색
Coaching and Mentoring Supervision
: Theory and Practice

타티아나 바흐키로바, 피터 잭슨, 데이비드 클러터벅 편저
김상복, 김현주, 이서우, 정혜선, 허영숙 옮김

해결 중심 팀코칭
Solution Focused Team Coaching

커스틴 디어롤프, 크리스티나 뮐, 카를로 페르페토, 라팔 스자니아프스키 편저
김현주, 박정화, 이서우, 정혜선, 허영숙 옮김

정부 조직에서의 코칭
: 전문 코치를 위한 사례와 팁
Coaching in Government
Stories and Tips for Coaching Professionals

테오도라 J. 피츠시몬스, 메리케이트 비한 도허티, 앨런 리 마이어스 지음
김진경, 박은희, 이인화 옮김

101가지 코칭수퍼비전 기법
: 접근 방식과 실천 탐구
101 Coaching Supervision Techniques, Approaches, Enquiries and Experiments

미셸 루카스 편저
김상복, 김현주, 이서우, 정혜선, 허영숙 옮김

조직개발 중심 팀코칭
: 팀, 리더, 조직, 코치, 수퍼비전 접근
Team Coaching for Organisational Development: Team, Leader, Organisation, Coach and Supervision Perspectives

헬렌 징크 지음
김채식, 박정화, 우성희, 윤선동 옮김

동료 코칭수퍼비전
: 성찰적 실천을 위한 다양한 지침
Peer Supervision in Coaching and Mentoring: A Versatile Guide for Reflective Practice

태미 터너, 캐롤 휘태커, 미셸 루카스 편저
김현주, 박정화, 이서우, 정혜선, 허영숙 옮김

사내 코치 활동의 11가지 핵심 원칙
Coaching from the Inside
: The Guiding Principles of Internal Coaching

J. 발 헤스팅스 지음
김현주 옮김

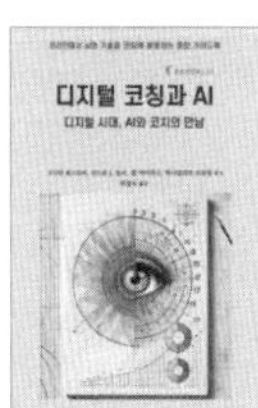

디지털 코칭과 AI
: 디지털 시대, AI와 코치의 만남
The Digital and AI Coaches' Handbook

조나단 패스모어, 산드라 J. 딜러, 샘 아이작슨, 막시밀리언 브랜틀 편저
허영숙 옮김

잡 크래프팅
: 자율적 직무 재창조를 위한 이론적·실천적 접근
ジョブ・クラフティング: 仕事の自律的再創造に向けた理論的・実践的アプローチ

타카오 요시아키, 모리나가 유타 편저
이정숙, 김현주 옮김

코칭수퍼비전 실천과 해설
: 수퍼비전-주체의 실천 가이드
Coaching Supervision: A practical guide for supervisees

데이비드 클러터벅, 캐롤 휘태커, 미셸 루카스 편저
김상복 옮김

스토리텔링
: 내 이야기를 바꾸면, 사람이 움직인다!
Storytelling for Leaders: Tales of Sorrow and Love

맨프레드 F.R. 케츠 드 브리스 지음
조경훈 옮김

잡 크래프팅
Persnalization at Work

롭 베이커 지음
김현주 옮김

코칭수퍼비전의 핵심
: 성찰과 자기돌봄 다루기
The Heart of Coaching Supervision: Working with Reflection and Self-Care

이브 터너, 스테픈 팔머 지음
정용석 옮김

해결 중심 코칭수퍼비전
Solution Focused Coaching Supervision: An Essential Guide for Individual, Group, Peer and Team Coaching Supervision

커스틴 디에롤프, 스베아 반 데르 호른, 데비 호건, 제인 투오몰라 편저
김현주, 박정화, 이서우. 정혜선, 허영숙 옮김

발달 코칭
: 자기(self)와 함께 작업하기(개정판)
Developmental Coaching: Working with the Self

타티아나 바흐키로바 지음
이서우 옮김

글로벌 팀코치 되기
ICF 팀코칭 역량 해설과 실천
Becoming a Team Coach: The Essential ICF Guide

조나단 패스모어, 폴 J. 바부어, 루시 위도우슨, 카테리나 카넬리도우 편저
고윤주, 김채식, 김현주, 박정화, 육현주, 이서우, 이숙경, 정용석, 정혜선, 허영숙 옮김

.... **(출간 예정)**

집단 코칭수퍼비전
: 자원 중심 실천
Coaching Supervision Groups

조 버치 지음
김현주, 박정화, 이서우, 정혜선, 허영숙 옮김

생태계와 기후 코칭
Ecological and Climate-Conscious Coaching

앨리슨 와이브로우우, 이브 터너, 조시 맥클린, 피터 호킨스 편저
김수진 옮김, 김상복 감수

조직 역할 분석(ORA) 기반 코칭
Coaching in Depth: The Organizational Role Analysis Approach

존 뉴턴, 수잔 롱, 버카드 시버스 지음
박정화 옮김

멘토 코칭
Mentor Coaching Is For Life Individualis

클레어 노먼 지음
김현주 옮김

코칭 윤리 연구와 실천 핸드북
: 윤리적 성숙성과 실천을 위한 가이드
The Ethical Coaches' Handbook

웬디-앤 스미스, 조나단 패스모어, 이브 터너, 이-링 라이, 데이비드 클러터벅 편저
김상복 옮김

호모스피릿쿠스

나르시시스트와 직장생활하기
Narcissism at Work: Personality Disorders of Corporate Leaders

마리 린느 제르맹 지음
문은영, 가요한 옮김

정신분석 심리치료의 기본과 실천
: 정신분석•지지적 심리치료와의 차이

아가쯔마 소우 지음
최영은, 김상복 옮김

조력 전문가를 위한
공감적 경청
共感的傾聴術
:精神分析的に"聴く"力を高める

고미야 노보루 지음
이주윤 옮김

코로나 시대의 정신분석적 임상
'만남'의 상실과 회복
コロナと精神分析的臨床

오기모토 카이, 키타야마 오사무 편집
최영은, 김태리 옮김

트라우마와 정신분석적 '접근'
핵심 이론과 일곱 가지 사례
トラウマの精神分析的アプローチ

마쓰기 구니히로 편집
김상복 옮김

라캉 정신분석 치료
이론과 실천의 교차점
ラカン派精神分析の治療論

아가사가 가즈야 지음
김상복 옮김

코칭 하이브리드

영화처럼 리더처럼
: 크고 작은 시민리더 이야기

최병현, 김태훈, 이종학, 윤상진, 권영미 지음

마음챙김 코칭
: WHO에서 실행까지
Mindfulness Coaching: Have Transformational Coaching Conversations and Cultivate Coaching Skills Mastery

사티암 베로니카 찰머스 지음
김종성, 남관희, 오효성 옮김

사랑하는 사람의 상실로
슬픈 나를 위한 셀프 코칭
슬픈 나를 위한 코칭

돈 아이젠하워 지음
안병욱, 이민경 옮김

고통의 틈 속에서 아름다움 찾아내기
: 슬픔과 미망인의 여정에 대한 회고

펠리시아 G Y 램 지음
강준호 옮김

코칭 A to Z

누구나 할 수 있는 코칭 대화 모델
: GROW_candy 모델 이해와 활용

김상복 지음

세상의 모든 질문
: 아하에서 이크까지,
질문적 사고와 질문 공장

김현주 지음

첫 고객·첫 세션 어떻게 할 것인가
(1) 윤리적 가이드라인과 전문가 기준 에 의한 고객 만남
(2) 코칭 계약과 코칭 동의 수립하기

김상복 지음

코칭방법론
: 조직 운영과 성과 리더십 향상을
돕는 효과성 코칭의 틀

이석재 지음

코치 100% 활용하는 법
: 코칭을 만난 당신에게

김현주, 박종석, 박현진, 변익상,
이서우, 정익구, 한성지 지음

AI-트윈 코칭 모델

허영숙 지음

코큽북스

코칭의 역사
Sourcebook Coaching History

비키 브록 지음
김경화, 김상복 외 15명 옮김

101가지 코칭의 전략과 기술
: 젊은 코치의 필수 핸드북
101 Coaching Strategies and Technique

글래디나 맥마흔, 앤 아처 지음
김민영, 한성지 옮김

리더십을 위한 코칭
Coaching for Leadership

마샬 골드 스미스,
로렌스 라이언스 외 지음
고태현 옮김

호모코치쿠스 65

스토리텔링
내 이야기를 바꾸면, 사람이 움직인다!

초판 1쇄 발행 2025년 12월 26일

펴낸이 | 김상복
지은이 | 맨프레드 F.R. 케츠 드 브리스
옮긴이 | 조경훈
편 집 | 정익구
디자인 | 이상진
제작처 | 비전팩토리
펴낸곳 | 한국코칭수퍼비전아카데미
출판등록 | 2017년 3월 28일 제2018-000274호
주 소 | 서울시 마포구 포은로 8길 8. 1005호
문의전화 (영업/도서 주문)
전화 | 050-7791-2333
메일 | jyg9921@naver.com
편집 | hellojisan@gmail.com
www.coachingbooks.co.kr
www.facebook.com/coachingbookshop

ISBN 979-11-89736-71-2 (93180)
책값은 뒤표지에 있습니다.

코칭북스는 한국코칭수퍼비전아카데미의 코칭 전문 브랜드입니다.